W0233174

Frauke Döhring, M.A., studierte Literaturwissenschaft, Linguistik und Soziologie und lebt als freie Journalistin und Textchefin in Hamburg. Ihre Themengebiete sind Kultur, Lebensart, Psychologie und Gesellschaft. Sie arbeitet und schreibt für diverse Medien, unter anderem für ›Die ZEIT‹, ›Brigitte Woman‹, ›Für Sie‹ und ›Living at Home‹.

Wolfgang Müller, Dr. phil., studierte Romanistik, Kunstgeschichte und Anglistik in Tübingen und Aix-en-Provence, war von 1969 bis 2005 Sachbuchlektor bei Rowohlt, die letzten zwölf Jahre als Herausgeber der Reihe »rowohlts monographien«. Er lebt in Hamburg und ist auch im Ruhestand tätig als Autor der ›Lebensgeschichten‹ in ›Das ZEITmagazin‹ und als freier Lektor.

Frauke Döhring | Wolfgang Müller

LEBENS
GESCHICHTEN

Die besten
Personenrätsel
aus dem
ZEIT MAGAZIN

Deutscher Taschenbuch Verlag

Die Rätsel stammen aus den Jahren 2005–2011 und
wurden für die Buchausgabe teilweise überarbeitet.

**Ausführliche Informationen über
unsere Autoren und Bücher
finden Sie auf unserer Website
www.dtv.de**

Originalausgabe 2012
© 2012 Deutscher Taschenbuch Verlag GmbH & Co. KG,
München
Das Werk ist urheberrechtlich geschützt.
Sämtliche, auch auszugsweise Verwertungen bleiben vorbehalten.
Umschlagkonzept: Balk & Brumshagen
Umschlaggestaltung: Ruth Botzenhardt
Satz: Greiner & Reichel, Köln
Gesetzt aus LinoLetter 8,75/11,5' und der Interstate
Druck und Bindung: Druckerei C.H. Beck, Nördlingen
Gedruckt auf säurefreiem, chlorfrei gebleichtem Papier
Printed in Germany · ISBN 978-3-423-34718-1

Inhalt

Vorwort

»Wer war's?«, fragte Tratschke zum ersten Mal Anfang 1966 in der ZEIT. Wer da fragte, war der Literaturwissenschaftler und Historiker Gerhard Prause. Mit seinem Pseudonym spielte er ironisch auf den Historiker Heinrich von Treitschke an, den offiziellen Hofhistoriografen Preußens, der – ganz im Geist seiner Zeit – aus bedeutenden Männern Säulenheilige der Kulturnation gemeißelt hatte. Tratschke aber machte es bewusst anders: Er kratzte an ihrem Lack, denn Geschichte – wie wir auch heute erleben – wird von Menschen mit Tugenden *und* Fehlern gemacht. Und darum ging es Tratschke. Er bekannte sich zu dem, was gelungene Biografien und eitler Klatsch gemeinsam haben: die Anteilnahme am Leben eines Menschen und die Neugier auf seine Eigenheiten, Eitelkeiten, Laster. Ganz nebenbei unterminierten seine verrätselten Porträts die unkritische Verehrung der Großen in Geschichte und Kultur. Für die klugen Leser der ZEIT schuf er ein Spiel, das über Jahrzehnte nichts von seiner Beliebtheit eingebüßt hat.

Als Gerhard Prause Ende 2004 starb, blieb die Kolumne nicht lange verwaist. Einen zweiten Tratschke konnte es nicht mehr geben, das wäre Anmaßung gewesen, zu stark war dieser Titel mit dem Erfinder des Fragespiels verwoben. Und als wir, die Journalistin Frauke Döhring und der ehemalige Rowohlt-Lektor Wolfgang Müller, das Rätsel im Frühjahr 2005 als seine Nachfolger übernahmen, erschien es daher unter einer neuen Überschrift: »Lebensgeschichten«. Nach wie vor wird in einem knappen Lebensroman nach einer interessanten Persönlichkeit gesucht, jetzt aber mit leicht veränderten Akzenten. Prominente sämtlicher U- und E-Bereiche treten ebenso ins Rampenlicht wie historische Gestalten aus dem Fundus unserer und anderer Kulturen. Und da es auch bei Zeitgenossen Interessantes, Verschwiegenes und Kurioses zu entdecken gibt, taucht in den letzten Jahren immer häufiger ein »Wer ist's?« auf.

Eine Auswahl aus den mehr als 350 Lebensgeschichten, die seit 2005 erschienen sind, kann diese Vielfalt allenfalls andeuten. So wie sich in den biografischen Miniaturen aus sprechenden Details und hintergründigen Hinweisen Stück für Stück ein Bild zusammenfügt, bieten die Lebensgeschichten insgesamt ein buntes Panorama. Berühmte Persönlichkeiten waren und sind oft Suchende, neugierig auf die Welt, hie und da auch innerlich Zerrissene, die im Schreiben, in der Musik oder sonst einer intensiven Arbeit Sinn fanden. In jedem Lebenslauf steckt ein psychologischer Kern, man erfährt wieder ein bisschen mehr darüber, was Menschen ausmacht, was sie antreibt, an welchen gesellschaftlichen Missständen sie sich aufreiben oder scheitern, wie eine große Liebe gelingt oder im Sand verläuft oder mit lautem Knall endet. Jede Biografie ist letztlich ein Roman, den das Leben schrieb.

Der Spaß der Leser, einem Verdacht nachzugehen und des Rätsels Lösung mit Hilfe eines Lexikons oder des Internets zu finden, hat offenbar nicht nachgelassen, auch wenn der Lohn nur in dem befriedigenden Gefühl besteht, die verrätselte Person erkannt zu haben. Wir, die Autoren, hoffen, dass sich an den Lebensromanen der Menschen, die wir auf unserer kleinen Bühne auftreten lassen, der Reichtum unserer Geschichte und Kultur ablesen lässt. Und die Freude, die Lösung gefunden zu haben, ruft bestenfalls nicht nur eine halb vergessene Person wieder ins Gedächtnis, sondern weckt vielleicht die Lust, mehr über sie wissen zu wollen.

Frauke Döhring, Wolfgang Müller

Ein Meister immer neuer Anfänge

Zur Welt kam er als Sturzgeburt, seiner Mutter gelang es gerade noch, aus dem Ballsaal seines großväterlichen Anwesens in die Damengarderobe zu flüchten. Dass er ein »Siebenmonatskind« war, mag etwas mit der »Wirbelwindromanze« seiner Eltern zu tun gehabt haben. Sein Vater, der »tolle Kerl«, hatte mit der rasch geschlossenen Ehe gegen den Willen der Familie Fakten geschaffen. Die Mutter war eine Schönheit, auch reich, aber eine Ausländerin mit leicht exotischem Einschlag und Tochter eines Parvenüs. Für ihren Sohn war sie eine »Märchenprinzessin«, die er von ferne anbetete. Näher war ihm die Kinderfrau, der er übergeben wurde; bei ihrem Tod vergoss er als Erwachsener bittere Tränen, und ihr Porträt begleitete ihn bis an sein Lebensende. So wie das familiäre Tableau seiner Geburt ihn prägte, charakterisierte ihn das Ungestüm, mit dem er auf die Welt drängte, und Stürze, jähe Abstürze im Wechsel mit Höhenflügen, markierten seinen Lebensweg.

Da war zunächst der Abgrund, in den das Spielkind mit Eintritt in die Schule geriet, eine Hölle des Stumpfsinns, ständiger Prügelstrafen und der Ausgrenzung. Das Stottern und Lispeln, das er hier erwarb, wurde er nie wieder ganz los. Wissen hingegen erwarb er nicht. Für den bewunderten, berühmten Vater war er eine Niete. Als er den Sohn bei einem seltenen Gespräch fragte, ob er Soldat werden wolle, sagte der zu, begeistert über so viel väterliche Anteilnahme.

Fünf Jahre später war er ein Nationalheld. Nach dem Tod des Vaters Herr seines eigenen Geschicks, hatte er mutig und übermütig Abenteuer gesucht und mit viel Sinn für PR Aufsehen erregt. Als einen »Helden von fünf Kriegen und Autor von sechs Büchern« und kommenden Mann seines Landes stellte ihn ein berühmter Schriftsteller vor. Er selbst zweifelte daran nicht, er war überzeugt, zu Großem berufen zu sein. Aber die Mühlen der Macht mahlten ihm zu langsam, so wechselte er mit hochmütiger Geste die Lager und galt fortan als Renegat. Und machte Karriere. Fast ganz oben auf der Leiter, fiel er nach einem Debakel aus allen Ämtern und musste ohne Einfluss in einer historischen Zeit wieder von vorn beginnen. »Wer sich verbessern will, muss sich wandeln, und wer vollkommen werden will, muss sich sehr oft wandeln« – nach diesem Motto war er bald wieder obenauf. Ein brillantes Talent, dem niemand mehr traute, das sich in seiner Außenseiterrolle eingerichtet hatte und wortgewaltig allen rein- und sich selbst schließlich ins Aus redete. Eine lange Zeit in der »Wüste« folgte, in der er erfolgreich seinem zweiten Beruf und diversen Hobbys nachging. Als einsamer Rufer warnte er ungehört, aber unverdrossen immer drängender, bis der Lauf der Geschichte eine Konstellation ergab, die ihn zum Mann der Stunde machte. »Endlich hatte ich die Macht über das Ganze und konnte Befehle geben. Ich hatte das Gefühl, mit dem Schicksal zu wandeln. Mein ganzes vergangenes Leben schien mir jetzt nichts als eine Vorbereitung gewesen zu sein.« Der Rest ist Geschichte. Wer war's?

WM

→ Lösung auf S. 147

Auf Fotos sieht man sie oft rauchen. Da steht oder sitzt sie im Freundes- und Kollegenkreis, oft die einzige Frau unter lauter Männern: Gruppenbild mit Dame. Und mehr oder minder alle Anwesenden huldigen dem blauen Dunst, sichtlich ohne Gewissensbisse. Die Risiken wurden damals kaum diskutiert, öffentliches Rauchen war nicht verpönt, ganz im Gegenteil. Es signalisierte Weltläufigkeit, Genuss, eine gewisse Freizügigkeit im Leben und im Denken, und darauf hatte man lange verzichten müssen. Bei Frauen stand Rauchen auch für den Anspruch auf Emanzipation, ähnlich dem Tragen langer Hosen, das kam freilich erst Jahre später so richtig in Mode. In den Jahren, in denen sie ihre größten Erfolge feierte, traten Frauen noch in beschwingten, oft blumig gemusterten Seidenkleidern oder tailliert geschnittenen Kostümen auf. Auch das belegen die Fotos, Dokumente aus einer vergangenen Zeit.

Sie war 26, als man auf sie aufmerksam wurde, bei einem beruflichen Treffen in einem Badeort im Norden. Schon damals hatte sie eine Lebensentscheidung getroffen: Sie wolle auf keinen Fall heiraten; die Ehe sei nichts für eine Frau, die eigene Ziele verfolge und ihren eigenen Kopf habe. Und den hatte sie in der Tat, einen hübschen, außerordentlich klugen noch dazu, der ihr bald scharenweise Verehrer und Förderer bescherte.

Nach eigener Aussage war sie in einem Grenzgebiet aufgewachsen, in einem »Tal mit zwei Namen«. Ihre besondere Begabung hatte die Tochter eines Lehrers und einer Hausfrau als Schülerin entdeckt: »Ich habe als Kind erst zu komponieren angefangen. Und weil es gleich eine Oper sein sollte, habe ich nicht gewusst, wer mir dazu das schreiben wird, was die Personen singen sollten. Also hab ich es selber schreiben müssen ...« Das Komponieren gab sie irgendwann auf, das Schreiben blieb: »Der Antrieb dazu, der war in mir selber da. Ich habe alles geschrieben, was man sich nur vorstellen kann. An Quantität war das, glaub' ich, weit mehr als das, was ich später als Erwachsene produziert habe ...« Die Eltern unterstützten ihre älteste Tochter; die Mutter, die aus ländlichen Verhältnissen stammte und selbst nie hatte studieren dürfen, wollte das wenigstens der Tochter ermöglichen.

Schon mit 24 Jahren war sie promovierte Philosophin, fand aber keinen adäquaten Job. Also verdiente sie ihren Lebensunterhalt als Sekretärin, danach als Redakteurin. Nur drei Jahre später war sie aber schon am Ziel und konnte von dem leben, was sie am liebsten tat: mit Wörtern jonglieren. Dies schien ihr die einzig mögliche Existenz zu sein; gleichwohl wusste sie um die Schattenseiten, die ein Künstlerleben mit sich bringen kann. In einer Rede, die sie einmal anlässlich einer Preisverleihung hielt, sagte sie: »Es ist eine seltsame, absonderliche Art zu existieren, asozial, einsam, verdammt, und nur das Veröffentlichte, die Bücher, werden sozial, finden einen Weg zu einem Du ...«

Mit einem realen Du im Leben wollte es leider nicht recht klappen. Einige Zeit war sie mit einem Kollegen liiert; die beiden lebten mal solo, mal als Paar in zwei Wohnungen, zwei Städten, zwei Ländern. Ob die Liebe letztlich an der räumlichen Distanz scheiterte oder aus anderen Gründen, blieb beider gehütetes Geheimnis. Vielleicht hatte ihr das Pendeln mehr behagt als ihm, weil sie ohnehin nie sesshaft gewesen war, häufige Reisen und Ortswechsel prägten ihr ganzes Leben. Aber es gab auch Fixpunkte darin, so jene Stadt im Süden, die sie 27-jährig erstmals besucht hatte und in die sie immer wieder gern zurückkehrte. Sie starb zu früh, ein prominentes Opfer des Tabakkonsums. Wer war's?

FD

→ **Lösung auf S. 147**

Wer die weißhaarige Dame mit ihrer Freundin im Mini Cooper losbrausen sah, wird in ihr kaum einen »Commander of the British Empire« und eine achtfache Ehrendoktorin vermutet haben. »Wenn ich in meiner Jugend, wie es bei jungen Mädchen so häufig geschieht, mit meinem Aussehen nicht zufrieden war, pflegte ich mich mit dem damals geläufigen Satz zu trösten: ›Ab einem bestimmten Alter bekommt jede Frau das Gesicht, das sie verdient.‹«

Das Gesicht der vielgeehrten alten Dame ließ nicht mehr erkennen, wie stark Zweifel an ihrem Aussehen sie als junges Mädchen verunsichert hatten. Ernst, verschlossen und nachdenklich blickte sie von Jugendfotos; lebhaft, lachbereit und eigensinnig kommt nun das Kind wieder zum Vorschein, das mit drei Jahren den Vater mit dem Ausspruch amüsierte, an Geburtstagen sei es »meistens ein bisschen brav«.

Vorlaut und widerspenstig, versuchte die Kleine, sich gegen fünf ältere Geschwister zu behaupten. Die nahmen sie nicht für voll, ihre Eltern hatten wenig Zeit für sie, so zog sie sich in eine Fantasiewelt zurück. Sie fabulierte Heldengeschichten und verfasste Gedichte. Mit 18, nach einem glänzenden Schulabschluss, schrieb sie dem Vater: »Ich möchte so gerne vernünftig sein … Ich will ein vernünftiger Mensch sein oder wenigstens werden. Schreib mir bald wieder, dann werde ich auch vernünftig sein, wenn Du mir ein bisschen hilfst.«

Vernünftig – das bedeutete für den Vater, sie müsse ihr »Schicksal als Frauenzimmer« annehmen. »Übereifrig, unruhig und unzufrieden« sei sie bisher gewesen und asketisch, weil sie nicht gern tat, was anderen Mädchen Vergnügen machte. Den Schwestern etwa, die sich verheiratet hatten. Sie scheint Vernünftigkeit anders verstanden zu haben: Sie nahm ihr Leben selbst in die Hand und wurde Lehrerin.

Aus eigener Erfahrung fühlte sie sich Kindern besonders nahe, in ihrem Beruf blieb sie der kindlichen Weltsicht verbunden und half gleichzeitig, die »soziale Brauchbarkeit« der Kinder zu entwickeln. Durch den Vater kam sie in engen Kontakt mit Frauen der älteren Generation, die im Gegensatz zum stereotypen Frauenbild der Zeit Weiblichkeit nicht im Widerspruch zu Autonomie und Intellektualität sahen und sie ermutigten, ihre eigene Arbeit weiterzuentwickeln.

Als der Vater erkrankte, übernahm sie die Pflege und vertrat ihn mehr und mehr. Sie überwand ihre Scheu und sprach seine Vorträge für ihn, sogar beim Begräbnis seiner Mutter nahm sie seine Stelle ein. Das Schicksal, schrieb er, hat »mir zur Entschädigung für manches Versagte den Besitz einer Tochter gewährt, die unter tragischen Verhältnissen hinter einer Antigone nicht zurückgestanden wäre«. Solche Verhältnisse waren bald gegeben: Als die politische Polizei in der Wohnung stand, um ihn abzuholen, ging sie an seiner statt und wurde auf offenem Wagen abtransportiert. Schnell hatte sie noch Veronal eingesteckt für den Fall einer Folterung. Auf Betreiben einflussreicher Freunde wurde sie besser behandelt als andere und bald entlassen. Unter diplomatischem Schutz ging sie mit ihren Angehörigen ins Exil. Auch in der neuen Heimat gestaltete sie ihren Lebenskreis nach dem Vorbild einer großen Familie, in dessen Zentrum erst der Vater stand, nach dessen Tod sie selbst. Sie machte sich nützlich und organisierte die Betreuung von Kriegswaisen, arbeitete daneben unermüdlich an ihren Studien und betreute das Lebenswerk ihres Vaters. Vielen erschien sie als diktatorische Gralshüterin. Den Blick aufs Ganze gerichtet – oder auch aus Eigensinn –, behielt sie meist das letzte Wort.

Wie alle Frauen der Familie handarbeitete sie wie besessen. Als besonderer Gunstbeweis galt ihr Selbstgestricktes mit dem Markenschild: »Handmade by ...« Wer war's?

WM

→ **Lösung auf S. 147**

Schon der kleine Junge fühlte sich als Rebell und verhielt sich so: auffällig, aufmüpfig, provokant. Seine Lehrer in der Schule erkannten seine hohe Intelligenz, konnten ihn aber nicht bändigen. Er prügelte sich gern mit den Mitschülern, störte den Unterricht mit ironischen Bemerkungen und wurde beim Klauen im Laden erwischt. Die Schule reagierte schließlich mit dem Rauswurf. »Dieser Junge muss scheitern«, schrieb der Rektor ins Abgangszeugnis. Es sollte anders kommen: Er wurde ein Weltstar.

Seine Art wirkte eben nicht nur verstörend, sondern auch anziehend. Eine Handvoll Gleichgesinnter scharte sich daher um ihn, darunter auch ein sanftmütiger junger Mann, dessen Vita sich von nun an eng mit der seinen verquickte. Sie wurden Kollegen, Freunde – und Konkurrenten. »Einen Idioten hätte er nicht ertragen«, sagte der andere später im Rückblick. »Wenn er nur irgendeine Möglichkeit gesehen hätte, hätte er mich rausgeboxt, (…) aber ich war sein wichtigster Partner.« Zwar sollten die beiden nach ihrem Höhenflug eines Tages getrennte Wege gehen, zuvor aber teilten sie eine fantastische Erfolgsgeschichte.

Dabei war deren Anfang denkbar unspektakulär: Da hockten zwei Teenager einander auf dem Sofa gegenüber, widmeten sich mit flammenden Herzen dem gemeinsamen Hobby und träumten von der großen Karriere. Ihr Glück war vermutlich, dass sie nicht nur äußerst begabt waren und sich wunderbar ergänzten, sondern dass sie es auch schafften, in den kommenden Jahren zum richtigen Zeitpunkt am richtigen Ort aufzutauchen, etwa in einem bekannten Vergnügungsviertel.

Und noch etwas half: der Zeitgeist. Mit dem, was sie zu bieten hatten, wurden sie zu Protagonisten eines gesellschaftlichen Wandels, der sich schon länger angebahnt hatte. Binnen weniger Jahre waren sie und ihre Mitstreiter reich und berühmt. Zuweilen auch ein hartes Los: So ließ er für sich, seine Frau und seinen Sohn ein Anwesen mit 27 Zimmern herrichten, nutzte darin aber nur wenige Räume. Sein zwiespältiges Verhältnis zu all dem Pomp zeigte sich auch in den »offiziellen Familienfotos«, die er verbreiten ließ: Darauf posierte er als stolzes Familienoberhaupt neben Frau und Kind – mit einer Mistgabel in der Hand.

Das Kleinfamilienidyll sollte ohnehin nicht mehr lange halten, denn kurz darauf traf er die Frau seines Lebens, eine, die ebenso unkonventionell dachte wie er. Anfangs schrieben sie sich nur Briefe, bald waren sie unzertrennlich. Aber nicht alle teilten das Glück des Paares; man beklagte, dass er ihren künstlerischen Neigungen zuliebe seine eigenen Wünsche zu sehr zurückstelle. Einige meinten auch, dass er in ihr eine Art Ersatzmutter gefunden habe – seine Mutter war bei einem Unfall gestorben, als er erst 18 Jahre alt war.

Doch dann, eines Tages, besann er sich wieder auf seine Wurzeln, und ihm glückte noch einmal ein Welterfolg – neun Jahre vor seinem gewaltsamen Tod. Wer war's?

FD

→ Lösung auf S. 148

Selbst seine größte Niederlage war spektakulär. Er war Erfolg gewohnt, hatte er doch schon als Kind maßgebliche Würdenträger in Erstaunen versetzt. Der Vater hatte die überragende Begabung seines ältesten Sohnes früh erkannt und ihm mit Lob und Ansporn eine schon suchtartige Arbeitsmoral eingepflanzt. Seither hatte er stets die in ihn gesetzten Erwartungen nicht nur diszipliniert erfüllt, sondern noch weit übertroffen. Mit zwanzig war er ein umjubelter Nachwuchsstar. Er hatte einfach alles: Genie und gutes Aussehen, gesellschaftlichen Schliff und schlagfertigen Witz, Charme und überschäumende Fantasie. »Wenn er durch die Stadt ging«, schrieb sein Biograf, »zog er mit seiner königlichen Haltung alle Blicke auf sich. Ein Blick aus seinen schwarzen Augen genügte, und er bekam, was er wollte.« Seine Mutter klagte, er spiele sich auf, als sei er der »Herr der Welt«.

Sie wusste, wovon sie sprach: Einmal konnte sie den vor Eifersucht Rasenden nur mit Mühe davon abhalten, den eigenen Bruder totzuschlagen, den er mit seiner Geliebten meinte ertappt zu haben. Unter all seinem Charme lauerte so viel dunkle Leidenschaft, dass er einen Diener mit einem Rasiermesser zu der Untreuen schickte, um ihr das Gesicht zu zerschneiden. Der Bruder wurde verbannt, der Diener und die entstellte Dame wanderten ins Gefängnis, er jedoch kam mit einer symbolischen Geldstrafe davon. Daran zeigte sich, wie viel er sich erlauben konnte. Es zahlte sich eben in jeder Hinsicht aus, die Mächtigen für sich einzunehmen.

Mit 24 Jahren war er in die höchste erreichbare Position seines Metiers befördert worden. Dass sein Mäzen ihn damit überforderte, ließ er sich nicht anmerken: Vollendet überspielte er, dass er sich manche Kenntnisse erst noch aneignen musste, und ließ andere für sich arbeiten. Unter ihnen war auch sein wichtigster Konkurrent, den er sich zum Feind machte, weil er nicht nur den Lohn, sondern auch die Anerkennung einsteckte. Die Rivalität spornte beide zu Höchstleistungen an, aber erst als sie die Lebensmitte schon überschritten hatten, sah der Konkurrent die Chance, aus seinem übermächtigen Schatten herauszutreten: Eine Nachlässigkeit des erfolgsgewohnten Protegés wuchs sich zum Politikum aus.

Doch nun hielt niemand mehr die Hand über ihn: Sein Förderer und Freund war gestorben. Der Rivale tat alles, um dessen Nachfolger für sich zu gewinnen und von der Hybris der beiden zu überzeugen. Mit Erfolg: Der Ruf des strahlenden Stars war ruiniert. Der stürzte sich mit verzweifelter Wut in Arbeit. Aber wieder half ihm seine überragende Fähigkeit, Menschen zu bezaubern – und eine kleine Intrige. So übertrumpfte er den Konkurrenten erneut, der verbittert am Ende Selbstmord beging. Er selbst erreichte ein hohes Alter; zur Ruhe unfähig, arbeitete er fast bis zuletzt. Immer stärker heimgesucht von Selbstzweifeln, kam er zu der Überzeugung, Ruhm und Ehre würden mit ihm ebenso vergehen wie die Wirkung seiner spektakulären Inszenierungen des Ewigen. Wer war's?

WM

→ Lösung auf S. 148

Kein Happy End, nirgends

Höchstwahrscheinlich hat er eine Zeit lang an sein Glück geglaubt. Denn als der Mittdreißiger zum nunmehr zweiten Mal heiratete, wähnte er sich endlich an der Seite jener Frau, die er seit Jahren verehrte und begehrte wie keine andere. Wie viele Liebesbriefe hatte er ihr geschrieben, als sie noch an verschiedenen Orten lebten? Und das Bedürfnis, sich ihr mitzuteilen, war auch nicht versiegt, als er vorerst mit einer anderen Küchentisch und Ehebett geteilt hatte. Im Gegenteil. Sie war seine Muse, seine Sehnsucht, die Frau, mit der er sogar von einer Familie träumte. Ideale Bedingungen also für eine lange und erfüllte Zweisamkeit – und doch kam alles anders.

Nach vier im Ausland, dann in der Heimatstadt verbrachten gemeinsamen Jahren gab sie ihm den Laufpass. Ein Verlust, den er nie verkraftet hat. Auch nach der Trennung schrieb er ihr unbeirrt weiter Briefe, erbat ihren Rat und setzte sie schließlich im Testament als Nachlassverwalterin ein – als sei sie noch immer seine Ehefrau. Warum sie gegangen war? Möglich, dass sie seine sexuellen Eskapaden nicht länger ertrug. Dafür bat er sie an seinem Lebensende um Verzeihung: Er habe »einen Goldklumpen in der Hand gehabt und sich nach Rechenpfennigen gebückt«, schrieb er zerknirscht. Ihre Abschiedszeilen wiederum trug er bis zum Tod wie eine Reliquie bei sich, zerfleddertes Zeugnis einer Liebe, die unsterblich war und doch nicht von Dauer.

Vielleicht war die junge Frau auch einfach nicht selbstlos genug gewesen, um an der Seite des begabten, sensiblen und vermutlich hoch komplizierten Mannes ein Leben lang zu bestehen. Vielleicht hatte sie deshalb entschieden, dass sie sich um sich selbst kümmern wolle statt um ihn. Diese Deutung liegt nahe; denn auch in seiner nächsten Beziehung waren die Rollen ähnlich verteilt. Auch jene, seine letzte

Begleiterin – so geht aus dem Briefwechsel hervor – war ihm Muse, Zuflucht, Trösterin, Beraterin. Und doch musste sie hinnehmen, dass es andere Geliebte gab und er nur manchmal da war. In der Zwischenzeit führte sie dann ihr für damalige Verhältnisse erstaunlich emanzipiertes Leben weiter. Ohne ihn. Eine Liebe in Briefen – das war in der Tat die Form, die er am besten beherrschte und zur Kunstform adelte. Wirkliche Nähe zu geben und zu nehmen, so schien es, war ihm nur in Momenten möglich.

Dazu passt auch, dass er viel umherreiste. Allerdings verzichtete er dabei ungern auf Komfort; angeblich hatte er zwei große Schrankkoffer voller Anzüge und Wäsche dabei. Psychologisch geschulte Biografen vermuteten später übrigens als Ursache seiner Bindungsprobleme eine unbewusste Angst vor Frauen, ausgelöst von der unnahbaren Mutter.

Zumindest nach dem traurigen Ende seiner zweiten Ehe mag er sich einen dritten ernsthaften Versuch lange Zeit nicht mehr zugetraut haben. Und als er ihn sich zaghaft wieder vorstellen konnte, machten ihm die äußeren Umstände zwei gekrümmte schwarze Striche durch die persönliche Rechnung. Zu dieser Zeit lebte der unermüdliche Briefeschreiber, dessen Karriere über Jahrzehnte an den Pulsschlag zweier Metropolen geknüpft gewesen war, bereits fernab auf dem Land. »Für die große Stadt bin ich nun wohl endgültig verloren«, sinnierte er in einem Brief, »es ist alles so ermüdend, mich freut das gar nicht mehr, es ist mir alles ganz egal. Und alles viel zu teuer …« Doch auch in der Idylle in der Nähe zur »hohen See«, in der »die grünen Bäume gegen den grünen Himmel stehen«, fühlte er sich zunehmend unbehaust. Wer war's?

FD

→ Lösung auf S. 149

Sein Vater hieß »der Tolle«, sein Erbonkel »der Verruchte«, beide lebten nicht lange genug, damit er sie kennenlernen konnte. So reihten sie sich für ihn als Figuren schauriger Geschichten in die Genealogie seiner sagenumwobenen Ahnen ein. Die schlichte Mutter traktierte das körperlich leicht behinderte Kind mit emotionalen Wechselbädern und schmerzhaften Therapien, die Kinderfrau mit Bibelsprüchen, Prügeln und sexuellen Spielen. Er lebte schnell und zog mit Anfang zwanzig das Fazit seiner Existenz: »Mit 23 ist das Beste im Leben vorbei und seine Bitterkeit verdoppelt. Ich habe die Menschheit in verschiedenen Ländern kennengelernt und finde sie überall gleich verachtenswert. Ich bin krank im Herzen. Mich reizt fortan keine Frau, kein Knabe mehr, auch kein leichtgläubiges Hoffen auf Gegenliebe; ich mag auch nicht mehr um die Wette trinken. Ich werde selbstsüchtig und misanthropisch. Ich habe alle meine Begierden und die meisten meiner Eitelkeiten überlebt.« Es sei – wieder einmal – Zeit für einen Wandel.

Nicht lange zuvor hatte er sich von einem hübschen, unbeholfenen, Nägel kauenden, übergewichtigen Knaben zu einem ästhetisch schlanken, interessant bleichen jungen Mann von Welt gehungert und geturnt. An den Stätten akademischer Bildung war er ein Star, weniger durch intellektuellen Ehrgeiz als durch prügelndes Draufgängertum, alkoholische und erotische Exzesse und standesgemäßen Hochmut gegenüber Respektspersonen. Da Hunde verboten waren, hielt er sich einen zahmen Bären, der sich akademisch »habilitieren« sollte. Finanziell ruiniert war er schon, als er endlich sein Erbe antreten konnte. Für die Ausgestaltung seines Stammsitzes verschuldete er sich weiter. »Schön polierte Schädel« aus der Gruft standen auf Blumensäulen, einen anderen ließ er in Silber fassen, um mit seinen

Kumpanen Burgunder daraus zu schlürfen. Schulden und Unrast trieben ihn jedoch bald in die Ferne. Zurückgekehrt, wurde er über Nacht berühmt, doch nur für »das Produkt von Mußestunden«, auf das er nicht viel gab, sah er sich doch als Mann der Tat.

Aber aus der angestrebten politischen Karriere wurde nichts, seine hochfliegenden radikalen Vorstellungen hatten mit Realpolitik nichts gemein. Verbittert tat er alles, um seinem Selbstbild als »hinkender Teufel«, der dem Bösen von Geburt an gehört, gerecht zu werden. Den Ausweg aus finanziellen Schwierigkeiten und einen Anschein von Respektabilität sollte eine Ehe bringen: »Ich habe am selben Tag eine Frau und eine Erkältung abbekommen, bin jedoch die Letztere ziemlich schnell wieder losgeworden.« Aber bevor das »tugendhafte Ungeheuer« ihn ganz um den Verstand bringen konnte, verließ es ihn mit der neugeborenen Tochter kaum ein Jahr später. Vor der Gesellschaft, die ihn fallen ließ und ihm – zu Recht – Inzest, Verführung von Knaben, Exzesse aller Art nachsagte, floh er und stürzte sich in sein eigentliches Werk: ein Abenteurerleben im Ausland. Mit dreißig zeigte ihn sein Spiegelbild alt, aufgedunsen und verlebt.

Das Angebot, eine aktive Rolle in einem Freiheitskampf zu übernehmen, den er zuvor besungen hatte, bot ihm noch einmal die Möglichkeit zu ruhmreichen Taten, dazu aber kam es nicht mehr. »Ich bin hierher gekommen, um zu sterben«, verkündete er, bevor ihn das Fieber dahinraffte. Wer war's?

WM

→ **Lösung auf S. 149**

Eine mutige Frau

Ihre Lust am Abenteuer war fast legendär. Zum Beispiel soll sie in Kleidern einen Fluss durchschwommen haben, nur um zu einem Rendezvous zu kommen. Allerdings gibt es zu dieser wie auch zu anderen vordergründig heiteren Anekdoten aus ihrem Leben auch eine ernste Lesart: dass ihr gar keine andere Möglichkeit blieb, als eben die, in voller Montur ans gegenüberliegende Ufer zu schwimmen – weil sie zu dieser Zeit zu Unrecht in der Psychiatrie eingesperrt und der Strom der einzige Fluchtweg war.

Der eigene Vater hatte die Einweisung verfügt, weil er ihre erste Liebe zu einem Juden missbilligte. Doch die drastische Erziehungstat bestärkte sie nur in ihrem Trotz. Endlich der Anstalt entflohen, heiratete sie den Mann und zog mit ihm in eine nahe gelegene Großstadt, die gleichfalls an einem Fluss liegt. Glücklich wurde sie dort jedoch nicht. Die Freundinnen aus alten Schultagen fehlten ihr, zudem entpuppte sich ihr Mann als Frauenheld, der ihre Großzügigkeit ausnutzte. Angeblich soll er eine Zeit lang sogar eine Geliebte in der gemeinsamen Wohnung untergebracht haben, während sie mit Aushilfsjobs den Unterhalt sicherte.

Im Grunde wiederholte sich das Drama ihrer Kindheit: Auch ihr Vater war ein Herzensbrecher gewesen, und während er nachts die Caféhäuser unsicher machte, pflegte die kleine Tochter zu Hause die bettlägerige Mutter. Ihr Bedürfnis, sich um andere zu kümmern ohne einen Funken Rücksicht auf das eigene Befinden, wurde also früh angelegt. Es sollte sie immer begleiten, auch in zweiter Ehe mit einem jungen Architekten. Wieder verdiente sie das Gros des gemeinsamen Budgets, nun aber endlich mit den Talenten, die sie bekannt machen sollten: schreiben und übersetzen.

Wohl in diese Zeit fiel auch eine Liaison mit einem Schriftsteller, der später weltberühmt wurde, damals aber noch für die Schublade schrieb. Weder er noch sie fanden den Mut, ihre Gefühle zu leben, geschweige denn den Mut zu einem gemeinsamen Lebensweg. In einem Brief an einen gemeinsamen Freund schrieb sie: »... ich war nicht imstande, meinen Mann zu verlassen, und vielleicht war ich zu sehr Weib, um die Kraft zu haben, mich diesem Leben zu unterwerfen, von dem ich wusste, dass es strengste Askese bedeuten würde ...« Der Kontakt zum Schriftsteller brach ab, ihre unglückliche Ehe beendete sie Jahre später.

Inzwischen war ihre Meinung gefragt, sie bewegte sich in Künstlerkreisen, begegnete ihrem späteren zweiten Ehemann, wurde Mutter einer Tochter. Doch wieder war das Glück nicht haltbar, nach einer komplizierten Schwangerschaft wurde sie chronisch krank und abhängig von Schmerzmitteln – Gift für ihre zweite Ehe.

Wieder Scheidung, wieder Krise. Und dann doch noch mal eine große Liebe und zunehmend Erfüllung im Beruf. In einem ihrer Texte formuliert sie ihre Sehnsucht: »Werden je die Grenzen zwischen den Ländern fallen, so wie zwischen uns, wenn wir uns näherkommen? Wie schön wäre es, das zu erleben?« Ihr Wunsch wird sich nicht für sie erfüllen, die Verhältnisse spitzen sich zu. Und da sie nie nur fürs private kleine Glück leben wollte, engagiert sie sich weiter. Ist ihr das Risiko nicht klar, geht sie es bewusst ein? Fest steht: Mit 43 Jahren wird sie zum Abschied gezwungen und muss ihr geliebtes Kind der Obhut ihres Vaters übergeben, bis es später zu Pflegeeltern kommt. Die mutige Autorin aber kehrt nie mehr zurück zu ihrer Familie. Wer war's?

FD

→ Lösung auf S. 149

Der Traum vom Leben als Gesamtkunstwerk

Stand der Wind ungünstig, hieß es in dem kleinen Küstenort: »Es stinkt nach …« In diesem Namen klang das Gold an, das die Familie nun schon seit Generationen mit Dünger gemacht hatte. Die Familie selbst lebte in einem von den Ausdünstungen ihres Reichtums verschonten großen Haus am Meer. Mit seinem verwunschenen Garten war dies das Paradies des Knaben, der den anrüchigen Namen auf ganz andere Weise in der Welt berühmt machen sollte.

Seine Kindheit beschrieb er als Zeit voller Glück, Überschwang und Frieden, in der alles darauf gerichtet war, das Leben zum Kunstwerk zu machen. Die Leidenschaft seiner eleganten Mutter, das Grundstück in einen Park zu verwandeln, färbte auf ihn ab; sein größtes Vergnügen war, die Namen und Beschreibungen der Blumen in den Gartenkatalogen auswendig zu lernen. Gesellschaften, Maskenbälle, Picknicks – an diesem Lebensstil hielt er sein Leben lang fest. Auch als die Familie in die Hauptstadt übersiedelte, holte ihn der Ernst des Lebens nicht ein: »Offiziell sollte ich für meinen Schulabschluss büffeln, aber mit meinen Freunden verfiel ich Musik, Literatur, Malerei und all den neuen Trends in den Künsten.«

Durchgefeierte Nächte, wilde Musik, Trinkgelage, Liebeleien und Freundschaften machten nun sein Leben aus. Die Eltern waren verzweifelt. Er schrieb sich für Politik an der Universität ein, mit dem vagen Ziel, Diplomat zu werden. Kurze Zeit später verlegte er sich auf die Architektur. Er dilettierte in sämtlichen Künsten, je nachdem, welchen Künstler er gerade besonders aufs Podest hob. Ohne eigenen Ehrgeiz wurde er von Beruf Freund: Er bewunderte, applaudierte und unterstützte. Und als einer der Freunde einen Partner für eine Galerie suchte, wurde er Kunsthändler. Trotz aller Bedenken gaben ihm die Eltern Startkapital, unter der

Bedingung, dass sein Name nie über dem Geschäft erscheinen dürfe – für sie ein schandbares Zeichen sozialen Abstiegs.

Doch dann brach das Unglück über die Familie herein: Der jüngste Bruder wurde für den Rest seines Lebens in eine Nervenheilanstalt eingewiesen, die Mutter starb »aus Gram« an einer Sepsis, der Vater machte Bankrott, und die Galerie ging pleite. Jetzt waren Freunde lebensnotwendig: Einer nach dem anderen nahmen sie ihn bei sich auf, fütterten ihn durch, und als er an Tuberkulose erkrankte, finanzierten sie ihm ein Jahr in einem freundlicheren Klima. Zurückgekehrt, ging er Morgen für Morgen zum Kiosk, um die Kleinanzeigen in den Zeitungen zu studieren, und klapperte den ganzen Tag über Büros ab auf der Suche nach irgendeiner Arbeit. Wieder war es ein Freund, der ihn schließlich seine Berufung erkennen ließ. Zunächst imitierte er ihn, dann machte er sich mit nie gekannter Beharrlichkeit daran, das Handwerk zu lernen, das ihm recht spät im Leben ungeahnten Erfolg bringen sollte. So wurde der äußerlich unattraktive Mann zum Maßstab des Schönen – und wie eine Hellseherin ihm prophezeit hatte, verdankte er seinen Reichtum den Frauen.

»Ich sehe meinen Beruf als Kampf gegen die mittelmäßigen und demoralisierenden Elemente unserer Zeit. Alles, was über Wärme, Essen und ein Dach über dem Kopf hinausgeht, ist Luxus. Unsere Zivilisation ist Luxus. Meine Pflicht ist, nicht aufzugeben, ein Beispiel zu setzen, zu schöpfen, trotz allem.« Wer war's?

WM

→ Lösung auf S. 150

Das schönste Gesicht

Ihr Talent hatte sie geerbt, beide Eltern waren Künstler in demselben Metier. Und was man braucht, um aus guten Anlagen Geld und Erfolg zu machen, nämlich Disziplin – das lernte sie von ihrer Mutter. Der Vater hingegen hatte sich von Frau und Kind gelöst, ein Abschied, der ihr Leben überschatten sollte.

Doch das trat erst mit den Jahren zutage, anfangs lebte sie auf der Sonnenseite. Fast über Nacht war sie entdeckt und zu Everybody's Darling geworden. Zunächst konnte sie das genießen, die Ernüchterung setzte später ein: »Kannst du dir vorstellen, wie es ist, wenn die ganze Nation auf deine Entjungferung wartet?«, soll sie, als sie erwachsen war, einmal eine Freundin gefragt haben. Aber kann sich so was überhaupt jemand vorstellen, der es nie erlebt hat? Wohl kaum. Im Übrigen fand sie sich nicht sonderlich schön. Wie viele junge Frauen klagte sie über Figurprobleme und verschwand deshalb regelmäßig in eine abseits gelegene Diätklinik an schroffer Felsenküste. Auch mit körperlichen Details haderte sie. Ihr Busen schien ihr zu klein, ihre Stimme zu hoch, ihre Beine eine Zumutung: »Meine Haxen sind eigentlich krumm und kurz«, soll sie gespottet haben, »aber mit meiner Fresse hau ich alles wieder raus.«

Eine drastische Umschreibung für ihr größtes Kapital – ihr Gesicht. Dazu gesellten sich innere Vorzüge. So war sie ehrgeizig und überließ nichts dem Zufall. Um etwa im Ausland arbeiten zu können, erlernte sie die fremde Sprache so perfekt, dass sie ihr buchstäblich zur zweiten Heimat wurde. Hinzu kam die Präsenz bei allem, was sie tat. Dass sie alles geben wollte und alles gab, war gewiss der zentrale Teil jener Faszination, die sie versprühte. Dieses in jeder Sekunde spürbare Verlangen nach Leben, jetzt, hier, sofort, alles oder nichts.

Im Privaten muss sie den gleichen Lebenshunger verspürt haben. Die erste Liebe platzte in ihr Leben und stellte es auf den Kopf. Dass sich das Paar aus beruflichen Gründen nicht oft sah, dass es Krisen oder Eifersuchtsszenen gab – das hat die Presse immer wieder genüsslich seziert und darüber Gerüchte verbreitet. Sie aber konterte: »Lieber eine unglückliche Leidenschaft erleben, als im Glück zu schnarchen.« Als die Verbindung dann nach fast fünf Jahren zerbrach, hatten es natürlich alle vorhergesehen. Nur sie nicht.

Mit dem nächsten Mann zog sie sich folgerichtig eine Zeit lang ins Private zurück. Bloß nicht die alten Fehler wiederholen! Und anscheinend glaubte sie anfangs tatsächlich gefunden zu haben, was sie stets vermisst hatte: eine Vaterfigur. Sie, die Nichthausfrau, stand nun am Herd und kochte Königsberger Klopse. Die Ehe ging trotzdem schief, ihr Mann war als extrem geizig bekannt, was ihrer Großzügigkeit peinlich widersprochen haben muss. Schlimmer wog nur noch, dass er gar nicht der starke Souverän war, den er ihr vorgespielt hatte. In seinem Innern fühlte er sich mindestens so klein und verletzlich wie sie. Doch das trat erst zutage, als es – Jahre nach der Scheidung – kein Zurück mehr geben konnte.

Sie hingegen wirkte in den Jahren, die nun folgten, strahlender denn je. Traute sich, sie selbst zu sein; fand seelenverwandte Verbündete und Mitspieler, die sie unterstützten und anspornten. Doch hinter der Fassade muss sich nach wie vor das Kind von damals verborgen haben, dessen Sehnsucht nach unbedingter Liebe kaum zu stillen war. Zunehmend balancierte sie, wenn sie von der Arbeit pausierte, psychisch und physisch am Rande. Und Ruhm und Erfolg, die sie umgaben, konnten das zerbrechliche Herz am Ende nicht schützen. Wer war's?

FD

→ **Lösung auf S. 150**

Geschäftssinn, Abenteuerlust und Forschergeist

In die Schule ging der spätere »verehrte Lehrmeister und
Erzieher des Volkes« nur, wenn Zeit dafür war, höchstens
ein paar Monate im Jahr. Schreiben und Rechnen müsse
man schon können, meinte sein Vater. Weit vor aller Bildung
aber rangierte Geschäftstüchtigkeit, und die lernten seine
sieben Kinder, indem sie von früh an in seinem Fischladen
mitarbeiteten. Voller Vergnügen erinnerte sich der Sohn
später an das Auffädeln gepökelter Fische, das Melken von
Stören und den Stolz, allein zum Einkaufen auf den Groß-
markt geschickt zu werden. Als die Geschäfte prosperier-
ten und Handelsbeziehungen ins Ausland geknüpft wurden,
befand der Vater, es helfe nichts, nun müsse der Sohn auch
Sprachen lernen. Mit 15 Jahren war dann aber Schluss mit
den Schulweisheiten. Der Vater fragte, welchen seiner Ge-
schäftszweige er weiter betreiben wolle, und übertrug ihm
die Verantwortung für ein Nebengeschäft, das damals noch
niemand als Beruf betrachtet hätte. Es lebte von glücklichen
Zufällen, die damit verbundenen Abenteuer und Gefahren
gingen weit über normale Geschäftsrisiken hinaus, und es
erforderte ausgedehnte Reisen.

Mit Feuereifer und Unternehmergeist machte sich der
junge Mann ans Werk und stach nicht nur bald die wenigen
Konkurrenten aus, sondern entwickelte Verfahren, plan-
mäßig in den Besitz seines »Materials« zu kommen. Bald
hatte er eine Monopolstellung und wurde zum Pionier eines
Handelszweigs, der von der Faszination für die »Wunder der
Welt« lebte, zu einer Zeit, als diese Hochkonjunktur hatten.
Bei aller Begeisterung für seine Ware blieb er stets Kaufmann, und wenn die Bilanzen seines »fressenden Kapitals«
zeigten, »dass keine Seide mehr daraus zu spinnen« war,
ließ er sich etwas einfallen. Er ging unters fahrende Volk
und entwickelte auch da Methoden, die Schule machten.

Seine ausgedehnten Unternehmungen kulminierten in einem grandiosen Projekt. Darin wollte er die »Erfahrungen und Beobachtungen, die ich im Lauf der Jahre sammelte, ... in die Praxis« umsetzen. Seine Vorstellungen stellten sich als zukunftsweisend heraus, wenngleich sich manche Skurrilität darunter mischte. Gegen viele Widerstände schuf er auf einem Kartoffelacker sein »Paradies«.

»Mein eigener Weg hat durch die Kreise des fahrenden Volks aufwärts geführt durch das Lager der Wissenschaft und vielfach bis zu den Stufen der Throne. Auf den weit verzweigten Feldern meiner Arbeit in allen Ländern der Erde bin ich vielen Menschen begegnet, um unter Menschen aller Stände und jeder Farbe Freunde und Förderer zu finden. Gekrönte Häupter, die Gewaltigen der Erde und Häuptlinge wilder Völkerstämme, Gelehrte und Tierbändiger, Weltreisende und Artisten, Philosophen und Gaukler sind mitbestimmend in mein Leben getreten.«

Ein Höhepunkt war, als das für ihn maßgebliche gekrönte Haupt ihn auszeichnete mit den Worten: »Sie haben hier ein bildendes, wissenschaftliches Institut geschaffen, wie keiner zuvor.« Wer war's?

WM

→ **Lösung auf S. 150**

Die Arbeit war ihr bestes Schönheitsmittel

Sie war winzig von Statur, gerade 1,45 Meter. Doch unbeirrt davon, muss sie sich eines Tages vorgenommen haben, das körperliche Minus durch Übergröße in einem anderen Bereich des Lebens auszugleichen. Und nachdem sie mehr zufällig eine Marktlücke entdeckt hatte, begann sie, ihr Unternehmen aufzubauen. Als sie gut 60 Jahre später hoch betagt starb, hinterließ sie ein eigenes Imperium: die bis dato matriarchalisch geführte Firma mit 30 000 überwiegend weiblichen Angestellten, mehrere international verteilte Wohnsitze, ein gewaltiges Vermögen sowie eine große Sammlung europäischer und afrikanischer Kunst.

Ihr Talent fürs Geschäft hatte die älteste von sieben Töchtern eines europäischen Juden früh entdeckt. Dem Vater, der als Kaufmann meist glücklos agierte, soll schon die 16-Jährige zu einem glänzenden vertraglichen Abschluss verholfen haben, als sie ihn bei einem Termin vertrat. Doch obwohl er im Beruf keine Leuchte war, genoss er die ungeteilte Bewunderung der Tochter – für seine Bildung und seinen Kunstverstand. Vielleicht aus dieser väterlichen Prägung heraus sollte sie später einen Mann heiraten (und mit ihm zwei Söhne großziehen), der sein Leben gleichfalls den Künsten widmete. Der ehemalige Journalist beriet sie beim Kauf ihrer Sammlung und startete, finanziell gesichert dank ihrer Geschäfte, im Lauf der bald 30-jährigen Ehe ein experimentelles Theater, einen Buchladen, eine Druckerei und eine Literaturzeitschrift. Damit verdiente er zwar nichts, avancierte aber zum Mäzen junger Künstler. »Für mich waren die alle meschugge«, kommentierte sie später. »Und immer musste ich ihre Mahlzeiten bezahlen.«

Vermutlich fiel ihr das nicht leicht. Denn einerseits konnte sie sehr großzügig sein, gründete wohltätige Stiftungen, etwa für medizinische Forschung. Auch bedachte sie aus einer momentanen Laune heraus Gäste mit Juwelen, gönnte sich selbst teure Pelze, Kleider und den wertvollsten Schmuck – ein Schriftsteller sagte einmal, er habe sie »nie mit weniger als acht Reihen Perlen« gesehen. Andererseits aber widerstrebte es ihr, Geld sinnlos auszugeben oder gar Leute zu unterstützen, die es womöglich verschwenden. Da konnte sie überaus geizig werden; auch als Gastgeberin abendlicher Dinners soll sie schon mal ein übrig gebliebenes Lammkotelett von einem fremden auf den eigenen Teller herübergehievt und verspeist haben.

Aber natürlich ist das auch die Sorte Anekdoten, die sich gern um reiche Leute rankt, wenn diese aus kleinen Verhältnissen stammen. »Die Arbeit war mein bestes Schönheitsmittel«, schrieb sie kurz vor ihrem Tod in ihren Memoiren. In der Tat schuftete sie unermüdlich, immer auf der Suche nach Innovation und Erfolg. Ebenso ausdauernd und rastlos war sie zwischen allen Kontinenten und Firmensitzen unterwegs, erst über die Meere, später durch die Lüfte.

Den Start zu ihrer Karriere hatte die geborene Weltbürgerin übrigens in Australien hingelegt; dorthin war die 21-Jährige, nach einem abgebrochenen Medizinstudium und dem Ende einer vom Vater missbilligten Liebe, zu einem ausgewanderten Bruder der Mutter aufgebrochen, um ihr Glück in der Ferne zu suchen. In der Provinz beim Onkel hielt sie es aber nicht aus und übersiedelte in die Stadt. Sieben Jahre später eröffnete sie ihr erstes Ladengeschäft – mit ihrem Namen als Markenzeichen. Und so ist es geblieben, wenngleich die Erben ihr Imperium knapp zehn Jahre nach ihrem Tod verkauften. Wer war's?

FD

→ Lösung auf S. 151

Das Kind, das »in seiner Wiege zwischen zwei Särgen« lag,
war mit drei Wochen Waise und schien mit drei Monaten
selbst dem Tod geweiht. Aber sein zäher Lebenswille setzte
sich immer wieder gegen diesen ständigen Begleiter durch.
Es kam in die Obhut von Onkeln, die wenig Interesse an dem
kleinen Mädchen hatten. Das änderte sich, als es im Alter
von acht Jahren zu einem heftig umstrittenen politischen
Faustpfand wurde. Drei Jahre später sollte es aus der Geisel-
haft in einem Kloster geholt werden, da war es überzeugt, es
werde zur Hinrichtung geführt, und hatte sein Haar schon
geschoren. Das Mädchen wusste nicht, welche Alternativen
diskutiert worden waren: es nackt in einem Korb von der
Stadtmauer zu den Belagerern hinunterzulassen oder es
Soldaten als Hure zuzuführen. Unter Beschimpfungen ritt
es durch seine verwüstete, mit Leichen übersäte Heimatstadt und verlor jeden Glauben an einen Krieg aus hehren
Motiven.

An sicherem Ort erhielt es nun eine Ausbildung, die es
zur perfekten Schachfigur der Onkel machte: Es lernte, sich
zu fügen und mangelnde Schönheit durch Anmut und Kulti-
viertheit wettzumachen. Nach langen Verhandlungen und
mit viel Pomp wurde das junge Mädchen mit 14 Jahren
einem Gleichaltrigen angetraut. Der hatte kaum Interesse an ihr, war mürrisch, unbeholfen und hatte sich gerade
rettungslos in eine ältere Schönheit verliebt. Diese war die
Stärkere in der Ehe zu dritt. Und obwohl sie den jungen
Mann immer wieder anhielt, mit seiner Gattin zu schlafen,
blieben die beiden lange kinderlos. Scheidungsgerüchte gingen um. Mit einer so demütigen wie klugen Geste brachte die
junge Frau sie zum Schweigen: Sie unterwarf ihr weiteres
Schicksal ihrem Schwiegervater, der ihre geistvolle Gesellschaft schätzte.

Zehn Jahre nach der Heirat kam das erste ihrer zehn Kinder zur Welt. Als Frau unterlegen, eroberte sie als Mutter nach und nach immer mehr Macht. Dabei ging es ihr zunächst darum, widerstreitende Interessen im Gleichgewicht zu halten. Nach dem Tod ihres Mannes stets in Schwarz gekleidet, wurde sie eine gewiefte Verhandlerin, die alles daransetzte, Krieg zu vermeiden. Den Unfrieden in ihrer eigenen Familie übersah sie jedoch lange.

In ihrer tyrannischen Mutterliebe ließ sie ihre Kinder nicht unabhängig werden; je größer ihr Ehrgeiz für sie war, desto handlungsunfähiger waren diese. Eifersucht nährte tödliche Feindschaft. »Eine wahre Hölle herrscht unter ihnen«, schrieb ein Beobachter. Sie entschuldigte die Schwäche der Kinder noch, als sie erwachsen und in verantwortlicher Position waren: Fehler seien dem Einfluss falscher Ratgeber zuzuschreiben. Ihre Dauerfehde mit einem dieser Ratgeber gilt als Auslöser für das grauenvolle Ereignis, das ihr zur Last gelegt wird. War sie als fügsame junge Frau zuvor wegen ihrer Herzlichkeit allseits beliebt, galt sie nun als eine vor keiner Grausamkeit zurückschreckende dämonische Intrigantin. Wer war's?

WM

→ Lösung auf S. 151

Sie wuchs zwischen zwei älteren Schwestern und einem jüngeren Bruder auf. Solche so genannten Sandwich-Kinder gelten in der Geschwisterpsychologie als unauffällig und anpassungsfähig. Und eben diese Eigenschaften zeichneten sie aus, als sie erstmals öffentlich auftrat: eine sportliche, biegsame junge Frau, die etwas verwundert den vielen Blicken begegnete, die sich auf sie richteten. Immerhin sollte sie bald lernen, ihre kleine Schüchternheit mit einstudierten Gesten, Worten und Lächeln zu kaschieren. So verlangte es die Rolle, die sie zu spielen hatte. Aber wer genau hinsah, ahnte bereits erste Risse in der Fassade, lange bevor sie sich entschloss, diese zu zeigen.

Sie hatte eine schöne Kindheit genossen. Vater und Mutter entstammten dem Adel, die Familie bewohnte ein Haus mit zehn Schlafzimmern und herrschaftlichen Salons, umgeben von einem Park, in dem die Kinder spielen konnten. Das vermeintliche Glück zerbrach aber, als sie sieben Jahre alt war. Die Mutter verliebte sich in einen anderen und verließ die Familie, die Kinder blieben beim Vater. Das Sandwich-Kind wurde zu einer Art Ersatzmutter für den geliebten kleinen Bruder, der die elterliche Scheidung nur schwer verkraftete. Und auch das Mädchen selber muss gelitten haben, jedenfalls fasste es damals einen folgenschweren Entschluss: »Wenn man jemanden findet, den man liebt, dann soll man ihn festhalten.«

Zwei Jahre nach der Scheidung der Eltern musste die Neunjährige den nächsten Abschied hinnehmen: Sie kam aufs Internat. Dass die ungewollte Veränderung ihr zusetzte, zeigte sie jetzt erstmals mit »Kummerspeck« und vor allem mit dürftigen Zensuren; am Ende versiebte sie auch im zweiten Anlauf ihr Examen. Derzeit hatte der Vater wieder geheiratet, doch zur Stiefmutter fand die inzwischen 17-Jährige keinen Draht. Also schickte der Vater sein Kind erneut fort, nun auf eine im Ausland gelegene Einrichtung für höhere Töchter, in der sie hausfraulich geschult werden sollte. Denn so lauteten die Regeln in ihren Kreisen: Nicht in einem Beruf, sondern als Ehefrau eines angesehenen Mannes würde sie ihren Platz im Leben finden.

Doch wie so oft funktionierte bei diesem Modell auch für sie eher die Pflicht denn die Erfüllung; ihr Ehemann soll einmal bekannt haben: »Ich liebe sie nicht, aber sie hat die besten Qualitäten.« Sie selber kommentierte ihren Werdegang viel später wie folgt: »Im Laufe der Jahre sieht man plötzlich, dass man nur ein gut verkäufliches Produkt war.« Doch wann hat sie das wirklich erkannt? Wann fing sie an zu rebellieren, erst innerlich, dann für alle erkennbar?

Fest steht: Sie versuchte lange zu retten, was von Anfang an zum Scheitern verurteilt war. Als sie dann endlich einen neuen Lebensabschnitt antrat, war sie noch immer jung und attraktiv. Immerhin plagten sie keine finanziellen Sorgen, und so blieb ihr alle Zeit der Welt, einen Sinn im Leben zu suchen. Mit Geld und Empathie engagierte sie sich für Schwache und Hilfsbedürftige, das brachte ihr Anerkennung und Zuneigung ein. Nur im Privaten schien sie auch jetzt kein Glück zu finden. Ein ehemaliger Geliebter spielte ihr unangenehm mit, der nächste spekulierte wohl im Wesentlichen darauf, an ihrer Seite zu mehr Ansehen zu gelangen. Doch dazu kam es nicht. Mit ihr starben erstaunlich viele ungelebte Träume und längst nicht nur ihre eigenen. Wer war's?

FD

→ **Lösung auf S. 151**

Er war zupackend bis zur Tätlichkeit

Seinen Ruf erwarb er sich durch Handeln. Worte sind von ihm nicht bekannt, dabei war er in aller Munde.

Die erste Geschichte, mit der er von sich reden machte, schrieb man seiner Schüchternheit zu: Als einziger Sohn wohlhabender Eltern, die vermutlich der Pest zum Opfer fielen, war er bereits in jungen Jahren ein reicher Erbe. Einer seiner Nachbarn war verarmt, er konnte seinen Töchtern keine Mitgift geben und damit wurden sie zu gesellschaftlichen Außenseiterinnen. Es kam dem jungen Mann zu Ohren, dass sie sich wohl mit Prostitution ihren Lebensunterhalt würden verdienen müssen. Vor diesem Schicksal wollte er sie bewahren und zugleich unerkannt bleiben, so warf er ihnen nachts Beutel mit Geld durchs Fenster, für jede Tochter einen.

Andere Geschichten sprachen ihm dagegen großen Mut zu: Bei Aufständen gegen die Obrigkeit setzte er sich unerschrocken für Frieden ein und riss sogar dem Henker das Schwert aus der Hand, um Unschuldige vor dem Tod zu retten. Als er, immer noch recht jung, sein hohes Amt antrat, hieß es bald, durch sein Engagement für sozial Schwächere sei er dessen würdig. Außerdem erzählte man sich, übernatürliche Mächte hätten ihre Hand im Spiel gehabt und einem Kollegen im Traum gesagt, derjenige solle das Amt bekleiden, der am nächsten Morgen als Erster über die Schwelle träte und diesen Namen trage.

Als eine Hungersnot ausbrach, bewegte er persönlich kaiserliche Lieferanten dazu, Staatseigentum für die Versorgung der Zivilbevölkerung abzuzweigen. Besonnen half er in Sturm und Gefahr, indem er das Kommando übernahm, allgegenwärtig den Beteiligten Mut einflößte und sie aufforderte anzupacken. Mit unbestechlichem Blick deckte er grausame Morde und Betrügereien auf, als beherzter Streiter stellte er sich in den Dienst derer, die ihm vertrauten. Selbst Diebe fühlten sich von ihm verstanden.

Unerschütterlich in seiner Überzeugung schlug er bei einer wichtigen Meinungsverschiedenheit in Anwesenheit des Kaisers seinem Gegner ins Gesicht. Der aufgebrachte Kaiser ließ ihn ins Gefängnis werfen, hatte aber bereits am nächsten Tag ein Einsehen – angeblich durch einen Traum. Allerdings wird auch berichtet, der temperamentvolle Streiter habe eine wichtige diplomatische Rolle gespielt und letztlich die Auseinandersetzung geschlichtet mit den Worten: »Lassen wir über unserem Zorn die Sonne nicht untergehen.«

Sein ungewöhnlicher Name zeugt davon, dass bereits seine Eltern einer Minderheit angehörten, die erst zu seinen Lebzeiten öffentliche Anerkennung erfuhr. Im Gefolge einer Kaiserin kamen sein Bild und sein Ruf später in einen anderen Erdteil, wo er, den »man schon als Menschen unter die Engel versetzte«, so berühmt wurde, dass lange nach seinem Tod über seine sterblichen Überreste gestritten wurde. Kluge Kaufleute, die ihrer Stadt Macht und Ansehen verleihen wollten, bemächtigten sich ihrer mit einer List. Noch immer wird seine Gegenwart als so real empfunden, dass ihm eine unsterbliche Gestalt verpasst wurde: Verschmolzen mit einem viel späteren Namensvetter, zu einer Märchenfigur geschrumpft und in ein konfektioniertes Erscheinungsbild gepresst, hat er alle Jahre termingerecht seinen Auftritt. Wer war's?

WM

→ **Lösung auf S. 152**

Botschafterin einer besseren Welt

Sie verkörperte, auf durchaus seriöse Art, die Leichtigkeit des Südens, war dessen authentische Stimme und vor allem: dessen Lächeln. Zumindest nahmen viele Menschen in einer klimatisch weniger begünstigten Zone sie so wahr. Und sie mochten sie dafür. Ihr Erscheinen erinnerte unverhofft daran, dass es noch anderes gab in diesem Leben als dichtes Wolkengrau – Sonne, Wärme, ein Espresso unter lichten Arkaden, ein Glas Weißwein zur blauen Stunde. Sie war die Botschafterin einer ganz anderen Welt, und doch gehörte sie auf gewisse Art fast zum Wohnzimmer-Mobiliar.

Bei allem emotionalen Temperament war sie doch immer darauf bedacht, eine Sache möglichst rational und von allen Seiten her zu beleuchten. Sie tat das aus innerer Berufung heraus, wie sie einmal sagte: »Es macht mir Spaß, den Leuten Dinge verständlich zu machen.« Dabei kam ihr zugute, dass sie in drei, wenn nicht vier Kulturen zu Hause war, ein Erbe ihrer bewegten Kindheit. Die Eltern hatten sie beim Großvater zurückgelassen, als sie ins Exil gehen mussten. Und auch, nachdem die Familie wieder zusammenlebte, gab es immer wieder prägnante Veränderungen. Beim Umzug in ein wiederum fremdes Land war sie schon fast ein Teenager, lernte rasch die dritte Sprache.

Die familieneigene gute Stube wurde in dieser Zeit zum Treffpunkt im Bekanntenkreis. Einige später berühmt gewordene Künstler und Literaten gehörten mit dazu, und die junge, schlanke Frau saugte alle Eindrücke und Debatten in sich auf. Die Eltern brachten der Tochter bei, dass man für seine Überzeugung geradestehen muss, koste es, was es wolle. Das Credo des Vaters lautete: »Du musst für etwas gelebt haben, du musst deinem Leben einen Sinn geben.« Er lebte vor, was das heißt. Nahm berufliche Nachteile in Kauf, trotzte Anfeindungen, um sich selbst und seinen Idealen treu zu bleiben. Darin ging er auch im Privaten so weit, dass er sich anfangs mit ihrem Großvater, viel später auch mit ihrem zweiten Ehemann überwarf. Aber das kam in diesen Jahren auch in anderen Familien und in anderen Regionen vor; es herrschte ideologische Eiszeit, das spaltete die Welt in feindliche Bastionen, draußen wie drinnen.

Als ihre Mutter stirbt, ist sie 30 und zum zweiten Mal verheiratet. Und weiß, dass sie mehr möchte vom Leben, als Ehefrau und Mutter zweier Kinder zu sein. Hinschauen, nachfragen, erzählen – darin liegt ihre Begabung und auch die Familientradition. Sie hat Glück, kann eines Tages in ihre Geburtsstadt zurückkehren und ergattert dort den Posten, auf dem sie bekannt wird. Und auf ganz undogmatische, selbstverständliche und charmante Art wird sie so auch zur Vorreiterin der Frauenemanzipation. In die Schublade des Feminismus mag sie sich dennoch nicht pressen lassen, das widerspricht ihrem Denken und Fühlen, als Kosmopolitin und als Frau.

Als ihr viel später ein ehrwürdiger Preis zuerkannt wurde für ihr Lebenswerk, kommentierte sie das in der ihr eigenen Art, mit Understatement und reichlich Humor: »Keine Ahnung, was das ist. Vermutlich ein Preis, den schon alle haben, und ich bin die Letzte, der sie ihn noch andrehen können.« Wer war's?

FD

→ **Lösung auf S. 152**

Ein Gentleman, der für Skandale sorgte

Wenige Männer seien derart anziehend gewesen, hieß es von dem »vollendeten Stutzer« mit dem unwiderstehlichen Charme. Stets äußerst elegant im Auftreten, war ihm alles Gravitätische fern, er war ungezwungen und höflich, ein bissiger Spötter und doch voll Respekt vor gültigen Werten, sprach gern im Ton der Gassenjungen und blieb immer der Großbürger, der er seiner Herkunft nach war. Mit ihm konnte man lachen. Das war schon in der Schule so, wo er übermütig die Lehrer karikierte und durch schlechte Leistungen und ungehöriges Betragen glänzte. Eine Beamtenkarriere in den Fußstapfen des Vaters war bei den Zeugnissen ausgeschlossen. Er wollte zur See, fiel aber durch die Aufnahmeprüfung der Marineakademie. Als Vorbereitung für die Wiederholung fuhr er ein halbes Jahr auf einem Schiff durch die Welt – und änderte seine Pläne. Hatte er seine Berufung erkannt? Wurde ihm klar, dass er die Frauen mehr liebte als das Meer? Entschied er damals schon, dass es »nicht möglich ist, woanders zu leben« als in der Stadt, die sein Universum wurde?

Er rang dem Vater eine Ausbildung ab, der er sehr eigenwillig nachging. Bereits nach einem halben Jahr war er mit seinem Lehrer verkracht. Inzwischen hatte er die Klavierlehrerin seiner Brüder zu seiner Geliebten gemacht und lebte heimlich mit ihr und ihrem Sohn zusammen, der ihn sein Leben lang seinen »Paten« nannte. Geheiratet hat er sie erst nach dem Tod seines Vaters. Ansonsten führte er ein überaus geselliges Leben mit einer schillernden Schar von Freunden und Freundinnen und frönte mit ihnen der Lust an geistreicher Konversation. Theoretische Debatten waren seine Sache nicht. In Cafés, Theatern und überall, wo etwas los war, versuchte er, das Wunderbare im Alltäglichen zu entdecken und es von aller sakralen, idealen und mythologischen Überhöhung zu befreien. So wurde in seinen Augen das Leben lebendiger und bedeutsamer.

In seiner Arbeit war er Einzelgänger. Eigensinnig, aber unsicher und voller Selbstzweifel, brauchte er lange, bis er seinen eigenen Stil fand. Als er dann mit seinen Werken an die Öffentlichkeit ging, traf er auf Verständnislosigkeit, Hohn und Spott. Er forderte einen Kritiker zum Duell, machte aber unbeirrt weiter. Seine Werke lösten Skandale aus, er wurde berühmt. »Ich habe nur gemacht, was ich gesehen habe«, beharrte der »Bürgerschreck«. Damit auch andere es sehen und sich ihr eigenes Bild machen konnten, verschickte er Einladungen mit seinem Wahlspruch »Bleib bei der Wahrheit und lass sie reden«.

Jüngere Kollegen erkannten den Erneuerer in ihm, bei aller engen persönlichen Freundschaft war er jedoch nie einer von ihnen. Trotzdem galten sie als seine »Bande«, bevor ein zunächst boshaft gemeinter Sammelbegriff sie in eine gemeinsame Schublade steckte. Erfolg und Anerkennung kamen erst nach seinem frühen Tod. Betroffen sprach ein Freund es bei der Beerdigung aus: »Er war größer, als wir alle dachten.« Wer war's?

WM

→ Lösung auf S. 153

Eigentlich wollte er Pianist werden

Als junger Mann wollte er Pianist werden, wurde aber nicht genug gefördert und entschied sich daraufhin, mehrere Berufe anzustreben – den des Dichters, des Conférenciers, Schauspielers und Musikers. Heute, wo nicht wenige auf seinen Spuren wandeln, umschreibt man solches Tun mit einem einzigen Begriff, damals gab es den noch nicht. Man könnte ihn also auch als eine Art Vorreiter heutiger Unterhaltungskultur einstufen, als einen, der seiner Zeit voraus war – andererseits wirkte er wie der allertypischste Vertreter seiner Zeit, in seiner Mentalität und vor allem in seinem Outfit. Er war von eher stattlicher Statur – aber keineswegs der ruhende Fels in der Brandung.

Von seiner Arbeit war er nahezu besessen. Was immer er gerade tat, im Geist jonglierte er mit Worten, grübelte über einer Pointe, einem Reim. Hatte er etwa beim Mittagessen einen neuen Einfall, ließ er den Teller halb voll stehen, die Tischrunde sitzen und eilte an den Schreibtisch. Dies erzählten seine drei Töchter in einer Biografie, die sie postum schrieben. Vor Auftritten litt er unter Lampenfieber, das er mit einem Gläschen Schnaps bekämpfte, und auch privat wirkte er rastlos und nervös. Diese innere Unruhe ließ ihn niemals los, nicht mal in den Ferien – ohnehin ein Wort, das in seinem ansonsten so großen Sprachschatz aktiv nicht vorkam. Jedenfalls berichteten seine Töchter, dass der einzige Familienurlaub, der je geplant worden war, buchstäblich ins Wasser fiel. Es regnete.

Apropos: Über Wetterkapriolen dachte er besonders gern nach, aber auch über Regenwürmer, Tiere und Insekten. Damit lag er durchaus im Trend, wobei er seine höchst eigene Form der Naturlyrik gefunden hatte. Meist endeten die Texte wie beiläufig und anders als gedacht. Trug er sie selbst vor, schlüpfte er in die Rolle des großen Jungen, der es faustdick hinter den Ohren hat. Das Talent, andere zum Lachen zu bringen, war es vor allem, das ihn bekannt machte. In seinen guten Jahren hatten seine Bücher Millionenauflagen, und seine Filme – die er angeblich selbst nicht mochte – füllten Kinosäle. Dabei war er wie ein guter Psychologe, der die Gefühle und Gedanken seiner Zeitgenossen spürte und darauf wie ein Seismograf reagierte, nicht zuletzt auch auf ihre Sehnsucht nach Einfachheit, Frieden, nach den kleinen Freuden des Lebens.

Regen, Regenwurm und dazu die berühmte Taube auf dem Dach: Wegen solch banaler Dinge unterschätzte man ihn mitunter. Er aber wusste genau, wie viel Gedanken und Arbeit in jedem noch so kleinen Vierzeiler steckten. Der Wunsch nach Anerkennung als Künstler war und blieb sein stärkster innerer Motor, nie gönnte er sich Ruhe. So kam es, wie es kommen musste: Eines Nachts erlitt er einen Schlaganfall und fiel von jetzt auf gleich aus allem Trubel heraus, aus all dem, was ihm lieb und wichtig gewesen war. Seine Frau, mit der er 44 Jahre verheiratet war, pflegte ihn treu bis zu seinem Tod. Im Nachlass fanden sich eine Reihe unveröffentlichter Klavierkompositionen. Wer war's?

FD

→ Lösung auf S. 153

Sie hat es nicht verstanden, berühmt zu sein

»Es scheint, dass das Leben für keinen von uns leicht ist. Doch was nützt das, man muss Ausdauer und insbesondere Selbstvertrauen haben. Man muss daran glauben, für eine bestimmte Sache begabt zu sein, und diese Sache muss man erreichen, koste es, was es wolle«, schrieb die junge Frau ihrem Bruder. Sie selbst zahlte dafür einen hohen Preis: Elende Dachzimmer, funktional möblierte Behausungen ohne jeglichen Komfort, eine verfallene Baracke – das sind die Schauplätze ihres Lebens. Geldsorgen, Erschöpfung, Krankheit die lebenslangen Begleiter.

Geboren wurde sie in einem Mädchenpensionat, das ihre Mutter leitete. Diese starb, als sie zehn Jahre alt war. Der Vater, ebenfalls Lehrer, wurde von den Inspektoren des Staates, der ihre Heimat besetzt hielt, um seine Karriere gebracht. Unter der Kontrolle von Besatzern musste der Unterricht in der eigenen Sprache und Literatur heimlich sein; heimlich kam die Heranwachsende mit Gleichgesinnten zusammen und bildete sich zur »positiven Idealistin«. Heimlich gab sie als Gouvernante einer begüterten Familie auch Bauernkindern Unterricht. Und sie schrieb: »Menschen, die alles so stark empfinden wie ich … müssen es wenigstens so gut als möglich verheimlichen.«

Ihre besondere Begabung fiel früh auf, aber um ihrer älteren Schwester das Medizinstudium im Ausland zu ermöglichen, arbeitete sie zunächst als Erzieherin. Als sie dann mit deren Unterstützung ihr Studium beginnen konnte, widmete sie sich so ausschließlich ihrer Arbeit, dass sie mehrmals vor Hunger zusammenbrach. Liebe, Ehe hatte sie aus ihrem Leben gestrichen. Als sie »den besten Mann, den man sich nur wünschen kann«, kennenlernte, widerstand sie seinem Werben aus dem Gefühl der Verpflichtung gegenüber ihrer Familie und ihrem Vaterland heraus. Fast ein Jahr zögerte sie, bis sie schließlich heirateten. Als Studentin bekannt dafür, dass sie »nicht weiß, wie man eine Bouillon bereitet«, studierte die Ehefrau methodisch Kochbücher und versah sie mit Marginalien: »Ich habe acht Pfund Obst und die gleiche Menge Kristallzucker genommen ...« Diese Versuche sollten wohl eher schwiegermütterliche Erwartungen erfüllen, der Ehemann nahm gar nicht wahr, was er aß. An ihrer Arbeit nahm er umso mehr Anteil. »Manchmal musste ich einen ganzen Tag lang eine siedende Masse mit einer Eisenstange umrühren, die fast ebenso groß war wie ich. Abends war ich zum Umfallen müde ... Unser Leben ist immer das gleiche, einförmig.«

Als kurz darauf der Ruhm über sie hereinbrach, erlebte sie ihn wie ein Unheil: Offizielle Einladungen und Besuche von Journalisten und Fotografen zerrten sie in die Öffentlichkeit. »Da gab es Sonette, Gedichte ... Briefe von den verschiedensten Erfindern, Briefe von Spiritisten, Briefe von Philosophen. Gestern hat mich ein Amerikaner schriftlich um die Erlaubnis gebeten, ein Rennpferd nach mir zu benennen!«, klagte sie über diesen »Belagerungszustand«, der ihr die Zeit stahl. Als ihr der »vollkommene Gefährte« durch einen Unfall entrissen wurde, erstarrte sie innerlich, übernahm gegen jede Tradition seine Nachfolge und wurde als Witwe noch berühmter. Der Krieg durchkreuzte ihre Projekte, sofort stellte sie sich in den Dienst ihres Adoptiv-Vaterlands und organisierte einen mobilen Sanitätsdienst. Ihre Popularität nutzend, bettelte sie Automobile von reichen Frauen zusammen, bildete Personal aus und fuhr selbst von Lazarett zu Lazarett. Auch nach dem Krieg nutzte sie den verachteten Ruhm, um gemeinnützige Einrichtungen zu schaffen. Bald war ihr Name auf der ganzen Welt bekannt; im Konfuzius-Tempel einer chinesischen Provinzstadt fand man ihr Bild unter den »Wohltätern der Menschheit«. Wer war's?

WM

→ **Lösung auf S. 154**

Ihre Eltern hatten sich von Herzen einen Sohn gewünscht. Mit der Enttäuschung, dass das nicht klappte, musste dann vor allem die jüngere der zwei Töchter fertigwerden. Und vielleicht war dies die Wurzel für ihren legendären Ehrgeiz: die Urangst des inneren Kindes, niemals genügen zu können, wie sehr es sich auch mühte. Jedenfalls fühlte sich die Kleine oft ungeliebt, auch weil die ältere Schwester von den Eltern bevorzugt wurde. Folgerichtig futterte sie sich eine Schutzschicht an, was die Lage noch verschlimmerte. Die Mutter nannte sie ihr »plumpes Entlein«, und wenn sie auch das Talent erkannte und Privatstunden ermöglichte – so richtig glaubte in ihrer Familie niemand daran, dass sich das Entlein zum stolzen Schwan mausern würde, zumal es dicke, hässliche Brillengläser trug.

Die früh erworbenen Kilos waren in der Tat zunächst ein Karrierehindernis, was sie zum Fasten animierte. Aber nicht nur ihr Gewicht, auch ihr Leben war schon früh Schwankungen unterworfen. Die Eltern trennten sich; der Vater, ein Apotheker, ging bankrott; und als dann noch politische Entwicklungen Chaos und Not herbeiführten, war die junge Frau gezwungen, für sich selbst zu sorgen. Immerhin fand sie einen halbwegs passablen Job bei der Post. Und als das Schlimmste überstanden war, begegnete sie dem Menschen, der ihre Begabung nach allen Kräften förderte. Der Geschäftsmann wurde ihr Ehemann und auch ihr Mentor und Manager. Für ihre Karriere vernachlässigte er sein bisheriges Unternehmen, bis er es ganz aufgab. Fortan war er ihr ständiger Begleiter – und dennoch verliebte sie sich in einen anderen. Nun plötzlich offenbarte er sein zweites Gesicht, beschimpfte sie angeblich sogar als »undankbare Hündin«.

Damit trieb er sie endgültig von sich fort. Der »Neue« sollte die Liebe ihres Lebens werden. Ihm zuliebe zog sie in jene Stadt, in der sie dann bis zum Tod wohnen sollte. Dass er später trotzdem eine andere heiratete, war fast ein Skandal. Lange wurde spekuliert: War sie heimlich die Geliebte geblieben, vor, während, nach seiner Hochzeit? Oder hatten sie sich einander wieder angenähert, weil die Ehe schnell versandete? Wahrscheinlich hätte die Geschichte endlos weitergehen können – wenn er nicht gestorben wäre.

Die Macht der Gefühle: Darum ging es ihr freilich noch mehr in der Kunst. Wie sie Emotionen auszudrücken verstand, beeindruckte selbst jene, die dem ganzen Bühnenzauber nichts abgewinnen konnten. Bewundert und hoch bezahlt, konnte sie es sich leisten, ab und zu alle Erwartungen des Publikums zu torpedieren. Weil sie bei ihrem nächsten Auftritt einfach sämtliche Rivalinnen wieder in den Schatten stellte. Sie spiele ihre Rollen nicht, sagte eine zeitgenössische Schriftstellerin einmal über sie, sie lebe sie, und das »auf der Rasierklinge«. Und ein Kritiker schrieb postum: »Sie gab den von ihr dargestellten Figuren die Stimme des Aufbegehrens, eine politische Stimme.«

Als sie sich vom Showbiz lossagte und in ihre Stadtwohnung zurückzog, ahnte wohl niemand, dass sie nur noch kurze Zeit leben würde. An ihrem Grab stand trauernd die ältere Schwester, die sie Jahrzehnte nicht mehr gesehen hatte. Die Nachbarn berichteten später, sie hätten sie manchmal singen gehört, durch die Wände. Wer war's?

FD

→ Lösung auf S. 154

Eine von Künstlerhand gestaltete Standarte kündigte den letzten der 14 Teilnehmer des glanzvollen Turniers an. Sein Auftritt stellte alles in den Schatten, was die Zuschauer bei der prunkvollen Parade schon zu sehen bekommen hatten. Die Vorhut bildeten kostbare Pferde mit perlenübersäten Schabracken, ein Dutzend reich gewandete Gefolgsleute ritt ihm voran – als Höhepunkt erschien er selbst. Ein riesiger roter Edelstein prangte auf seinem Brustschild, die Gewänder strotzten vor Perlen und Juwelen, eine Edelsteinbrosche funkelte an seinem Hut. Im Kampf trug er einen Helm mit einem vertrockneten Veilchenkranz, dem Unterpfand der Dame, zu deren Ehren er antrat. Die Frau hingegen, mit der ein Verwandter an seiner statt soeben die Ehe für ihn geschlossen hatte, ließ er dafür in der Ferne warten. Obwohl er, wie er später zugab, mit den Waffen »nicht sehr stark war« und einmal sogar zu Boden ging, wurde ihm der Sieg zuerkannt. Um die Ferngetraute, die ihm an Rang doch überlegen war, heimzuholen, schickte er seinen Bruder. Bald nach der prunkvollen Hochzeit starb sein Vater, und seine unbeschwerte Jugend war vorbei.

»Ein widriges, hartes Los zwingt mich zu dem, was ich nicht möchte«, schrieb der knapp 20-Jährige. Der höchste Ehrgeiz der Bande fröhlicher Freunde, der er angehörte, war es gewesen, Zeit und Vermögen mit Spiel und Frauen zu verschwenden, sich prächtig zu kleiden und witzig zu reden – »und wer die anderen am geschicktesten stichelte, der galt als der Gescheiteste und war der Angesehenste« –, nun aber galt es, das Erbe zu erhalten und zu vergrößern.

Geerbt hatte er auch alte Feindschaften, immer wieder musste er um sein politisches, wirtschaftliches, aber auch physisches Überleben kämpfen. Eine Ausbildung zu dem, was seine Stellung begründete, besaß er nicht. Er hatte ge-

lernt zu repräsentieren, war ein eloquenter Redner und ge-
schickter Diplomat. Seine Neigungen gingen jedoch in ganz
andere Richtungen: Er liebte die Jagd, begeisterte sich für
Pferde und Hunde, sammelte kostbare Handschriften, dis-
kutierte mit Gelehrten, beteiligte sich an den Spielen seiner
bald sieben Kinder, war ein unersättlicher Liebhaber, spielte
mehrere Instrumente, war ein Meister improvisierter Lieder,
vor allem aber ein Dichter. Sein Leben lang arbeitete er an
einer Gedichtsammlung, deren Grundstock die Liebespoe-
sien für seine Dame mit dem Veilchenkranz bildeten. »Man
sah, dass in ihm zwei verschiedene Personen waren, durch
fast unmögliche Konjunktion vereint.« Bei allem Glanz seines Auftretens, seines Charmes und seiner Intelligenz war
er ein »abgrundtief hässlicher Mann«, wie es hieß, mit einer
deformierten Nase und einer unangenehmen Stimme. Und
die Freiheit des Geistes, mit der er verbunden wird, galt
nicht für sein konkretes Handeln, denn schon er waltete mit
autoritärer Selbstherrlichkeit, die auch den Sohn bald nach
seinem frühen Tod zu Fall brachte. Wer war's?

WM

→ Lösung auf S. 154

Auf die Frage nach ihrer Lieblingsbeschäftigung antwortete sie in jenem berühmten Fragebogen: »Während des Eisenbahnfahrens aus dem Fenster zu schauen«. Der Blick auf vorbeiziehende Landschaften beflügelte offenbar ihre Kreativität, die Beobachtung der Mitreisenden inspirierte sie zu ihrem literarischen Personal. Dessen Macken und seelische Tiefen beschrieb sie sachlich, fast wissenschaftlich; erst beim genauen Hinsehen spürte man, wie viel an Beunruhigung da unter der Oberfläche schlummerte. So war sie viel unterwegs, mal mit Handgepäck, mal mit Hausstand: Italien, Mexiko, England und Frankreich ... Gefiel es ihr an einem Ort, blieb sie einfach länger. Bis sie sich eines Tages, mit Anfang sechzig, endgültig niederließ: in einem kleinen Land, in dem sich mehrere Kulturen mischen, hinter Fenstern, die Schießscharten ähnelten. Letztlich brauchte sie, die Kosmopolitin, dann doch ihren ständigen Rückzugsort.

»Es war nicht leicht, einen wirklich ruhigen Ort zu finden«, erzählte sie einer Reporterin auf Besuch, und dass sie dafür gerne ein paar Unannehmlichkeiten in Kauf nehme, etwa die langen Wege. Einsam fühle sie sich nie: »Ich schreibe meinen Freunden oft Briefe. Es ist vom Gefühl her wichtig, dass es sie gibt. Aber es ist nicht wichtig, dass sie ständig um mich sind.« Ihr Beruf erfordere nun mal Phasen größter Kontemplation: »Wenn immer jemand da wäre, könnte ich nicht arbeiten ... Ich muss absolute Ruhe haben, alles um mich herum muss verschwinden.« Wie quälend die Stunden am Schreibtisch zuweilen gewesen sein müssen, deutete sie einmal so an: »Manchmal ist Schreiben, als würde man bei der Beerdigung eines geliebten Menschen beim Weinen ertappt.«

Im Alter von 21 Jahren hatte sie um ihre Berufung zur Schriftstellerin gewusst. Spätestens da muss ihr auch klar geworden sein, dass sie weder für eine traditionelle Partnerschaft noch für die Mutterrolle taugte, zumal ihre Vorstellung von Familie negativ geprägt war. Zu oft hatte sie Mutter und Stiefvater streiten hören. Der leibliche Vater tauchte erst auf, als sie zwölf war. Zuflucht fand sie bei der geliebten Großmutter – und in der Literatur, als Dreijährige hatte sie sich selbst das Lesen beigebracht. Später bekannte sie: »Ich würde verrückt werden, eine Furie, wenn ich mit einer Familie zusammenleben müsste, die ich nicht mehr loswerde. Das könnte mich wahrscheinlich dazu bringen, einen Mord zu begehen.«

So weit ließ sie es besser gar nicht erst kommen. Doch was in ihren Büchern passierte, stand auf einem anderen Blatt Papier. Unzählige davon betippte sie im Lauf ihres Lebens und bereitete sich darauf vor wie auf ein Rendezvous: Zog eine frisch gebügelte Bluse an, kämmte sich sorgfältig, bemalte ihre Lippen und saß dann vier, fünf Stunden an der alten Reiseschreibmaschine, rauchte, grübelte und schrieb. Hatte sie das Tagespensum geschafft, bereitete sie zur Entspannung den einen oder anderen Hasenbraten zu für sich und ihre sanften Mitbewohnerinnen – Siamkatzen.

Jeder Mensch, notierte sie einmal, trage »alles Böse in sich, das es jemals gab«. Und daher plage die Menschen, bewusst oder unbewusst, die Panik davor, dass das Böse eines Tages überhandnehmen könne. Über ihre eigenen Angstfantasien ging die zierliche Frau mit dem psychologisch geschulten Blick locker hinweg, zumindest nach außen hin. Dazu befragt, sagte sie, da sei fast nichts – außer der »Angst, den Zug zu verpassen«. Wer war's?

FD

→ **Lösung auf S. 155**

Sie wollte nie jemand anders sein als sie selbst

»Du kannst dich glücklich schätzen, wenn sie dich nimmt«, bekam der künftige Ehemann, der sich Hals über Kopf und für immer in sie verliebt hatte, von seinem Vater zu hören. Die zierliche Dunkelhaarige mit den schelmischen blauen Augen war der strahlende Mittelpunkt jeder Geselligkeit, die Männer lagen ihr zu Füßen.

Dabei war sie nach den Maßstäben ihrer Zeit keine Schönheit, ihr Charme und Witz aber waren unwiderstehlich: Eine Heirat mit dem gehemmten, farblosen jungen Mann erschien allen unwahrscheinlich. Drei Mal wiederholte er seinen Antrag. Sie fürchtete, durch die Verbindung mit ihm »nie wieder frei zu sein, so zu denken, zu sprechen und zu handeln, wie ich empfand«. Als neuntes von zehn Geschwistern hatte sie eine glückliche Kindheit verbracht im ältesten bewohnten Haus des Landes. Es war umrankt von Legenden. Gespenster gehörten zur Familie, und ein nicht zu tilgender Blutfleck zeugte von einem Mord in finsterer Vorzeit, als ihre Vorfahren eine eigene Armee und einen Henker beschäftigten. Ihr Vorbild war ihre Mutter, eine »feste Burg, mit einem himmlischen Humor« und ungewöhnlichem Talent im Umgang mit Menschen. Schulische Erfolge spielten eine untergeordnete Rolle, sie angelte lieber, als zu lernen, sprach aber schon früh mehrere Sprachen und bestand mit 13 Jahren die Prüfung zur Hochschulreife. Als Frau ihrer Zeit sah sie ihre Zukunft jedoch in einer angemessenen Heirat.

Schließlich nahm sie ihn doch. Die schlichte Hochzeit war der Beginn einer ungewöhnlich glücklichen Ehe. »Was für ein süßes verliebtes Pärchen«, kommentierte jemand, der beobachtet hatte, wie sie in aller Öffentlichkeit miteinander kicherten, flüsterten und schließlich vorzeitig verschwanden. Nach der Geburt ihrer beiden Kinder boten sie das Bild eines unverwüstlich glücklichen Familienquartetts. Sie sorgte für Spiele und Spaß und verblüffte Besucher, wenn sie mit falschem Bart herumlief. Gleichzeitig erfand sie sich selbst als öffentliche Figur. Spötter, die sich über ihre Pummeligkeit lustig machten, wurden zum Schweigen gebracht. Sie dachte nicht daran, Diät zu halten, die Kleider sollten zu ihr passen, nicht umgekehrt! So kreierte sie ihren eigenen Stil jenseits aller Moden. Als sie für ihr elegantes Auftreten in Notzeiten gescholten wurde, konterte sie: »Die Leute ziehen doch bei Besuchen auch ihre besten Kleider an!«

So erfolgreich erfüllte sie ihre Funktion für die moralische Aufrüstung, dass sie vom Feind ihres Landes als »gefährlichste Frau Europas« bezeichnet wurde. Ihre Lebensaufgabe sah sie darin, ihrem Mann den Rücken zu stärken, ihm zu helfen und seine guten Eigenschaften zur Geltung zu bringen. Sie hatten die gleichen Ansichten und Wertvorstellungen, die sie jedoch nie äußern, allenfalls vorleben durften. Als er starb, brach ihr das Herz. Sie machte die Krise mit seinem Bruder für seinen frühen Tod an Lungenkrebs verantwortlich, nicht etwa seinen Zigarettenkonsum. Sie selbst lebte noch einmal so lange, eine öffentliche Ikone, an deren lächelnder Oberfläche scheinbar alle Probleme der Welt und ihrer Familie abperlten. Wer war's?

WM

→ **Lösung auf S. 155**

Hatte er sich einmal für eine Sache entschieden, zog er sie
bis zum Schluss durch. So war er 57 Jahre lang verheiratet,
und als seine Frau – sie trug den klangvollen Namen Del-
phine – gestorben war, mochte er selber nicht weiterleben
und folgte ihr 14 Tage später in den Tod. Ein häufiges Phänomen bei Ehepaaren, die mehr als ein halbes Jahrhundert
miteinander teilten: Ist die eine Hälfte plötzlich weg, stirbt
die andere fast zeitgleich hinterher.

Ähnlich viel, wenn nicht noch mehr Ausdauer bewies er in
beruflichen Dingen. Zum Zeitpunkt seines Todes lagen seine
Anfänge rekordverdächtige 75 Jahre zurück. Der Sohn eines
Handwerkers und Tabakpflanzers war bereits als 13-Jäh-
riger zu seinem Onkel in die Lehre gekommen, in eine quir-
lige Stadt am Meer. Kaum sechs Jahre später war der klein
gewachsene, begabte junge Mann in seinem Metier schon so
versiert, dass er in die Hauptstadt wechselte, um Karriere zu
machen. Aber erst mal wurde nichts daraus: Der Krieg kam
dazwischen. Sieben Jahre sollte er bei der Armee verbringen.
Seinem Fortgang schadete das aber nicht, im Gegenteil. Da
er in Zeiten des Mangels wie kein anderer zu improvisieren
lernte, wurde er, zumindest in Offizierskreisen, schnell zur
Berühmtheit. Und das, was er da kreierte, schien ihm »das
Fundament allen Glücks«.

Als wieder Frieden herrschte, startete er richtig durch.
Noch während er in der Metropole umherwirbelte, machte er sich in seiner Heimatregion selbstständig – der Ein-
stieg in ein Pendlerdasein, das für ihn Alltag bleiben sollte.
Nur die Orte sollten wechseln, genauer: deren Dimensionen.
Das Unterwegssein aber blieb. Noch im Ruhestand tourte er
durch die Lande und hielt Vorträge.

Mit etwa Mitte dreißig war er jenem Menschen begegnet,
mit dem sein Leben für zwei Jahrzehnte eng verknüpft sein

sollte. Der vier Jahre Jüngere stammte wie er aus recht bescheidenen Verhältnissen; die beiden verband aber mehr: gleiche Ziele, gleiche Visionen, zudem waren sie ehrgeizig, relativ jung und schon bekannt. Als Duo wurden sie fast unschlagbar. Über ihn sagte man, er könne auch eine Distel noch genießbar machen; über seinen Kompagnon, er schaffe es, an fünf oder zehn Orten gleichzeitig zu sein. Dass der offensichtliche Workaholic den Stress eines Tages mit einem Burnout bezahlte und sich nie mehr richtig davon erholte, bedeutete zwar das Ende des legendären Dream-Teams – nicht aber seines. Unermüdlich machte er weiter, mit talentierten Mitstreitern, die er Tag für Tag, Abend für Abend um sich scharte. Zu besonderen Anlässen kamen da locker achtzig Leute zusammen. Und allein war das, was er zu bewältigen hatte, ja ohnehin nicht zu schaffen. So aber blieb er Meister seines Fachs; einer, der seine Fans mit immer wieder neuen Kreationen zu begeistern wusste. Einige davon wurden zu Klassikern.

Natürlich lag ihm auch daran, sein Know-how weiterzugeben, an die zweitausend Auszubildende sollen es im Laufe der Zeit gewesen sein. Aber letztlich waren ihm wohl alle, die dem Genuss mit feinem Sinn frönen wollten, willkommen. Da fühlte er sich als Kosmopolit und Demokrat. Und wo ließ sich sein Wissen besser verbreiten als zwischen zwei Buchdeckeln? Bei allen Nachfolgern, die es zu Ruhm brachten, steht der Band des kleinen großen Mannes vermutlich nach wie vor griffbereit im Regal. Wer war's?

FD

→ **Lösung auf S. 155**

»Ich liebe das Zarte und Feine, das Glänzende und das Herrliche«

Sie entsprach nicht dem herrschenden Schönheitsideal, klein, wie sie war, und mit dunklem Teint. Doch stellte sie ihr Leben ganz in den Dienst von Schönheit und Liebe. Es war die Liebe zur Welt, für die sie sich immer wieder entschied, für das Schöne in der Welt, aus der die Freude am Leben erwächst.

Sie feierte es in allem, was sie umgab: den Blumen und blühenden Bäumen einer kultivierten Natur, der Anmut menschlicher Körper. Aber auch Gold und Elfenbein, Schmuck, Kleider, Haartracht und duftende Salben waren nicht einfach Ausdruck oberflächlicher Putzsucht, sondern einer elementaren sinnlichen Lebensbejahung. In der Teilhabe am Schönen verwirklichte sich selbstbewusst eine weibliche Gegenkultur.

Deren Werte stellte sie ausdrücklich den martialischen der Männer entgegen: Nicht die Parade prächtiger Waffen, sondern der Mensch, nach dem man sich sehnt, sei das Wichtigste auf der Welt. Dabei lebte sie nicht in behüteter Abgeschiedenheit, sie hatte ihren Blick durchaus auf die Gesellschaft ihrer Zeit gerichtet. Als ihre Tochter sich einen luxuriösen Kopfschmuck wünschte, rügte sie nicht etwa ihre Eitelkeit oder mahnte sie zu Bescheidenheit, sondern verwies auf die politischen Umstände, denen der einstige Reichtum der Familie zum Opfer gefallen war. Sollte sie sich doch mit ihrem Wunsch an die wenden, die dafür verantwortlich waren!

Ihr Vater gehörte dem Adel an, er war in Bürgerkriegskämpfen ums Leben gekommen. Als junges Mädchen wurde sie in die Verbannung geschickt, sie teilte die politischen Überzeugungen ihrer Familie und war wohl auch Mitwisserin politischer Anschläge. Einer ihrer drei Brüder reiste als Kaufmann in fremde Länder; dort begegnete er einer berühmten Kurtisane, die er auslöste und heiratete – und so sein Vermögen durchbrachte. Die Schwester machte ihm öffentlich schwere Vorwürfe wegen dieses Skandals, was auf feste Grundsätze schließen lässt.

Sie selbst heiratete einen reichen Mann, gebar eine Tochter, wurde aber bald schon Witwe. Aus der Verbannung zurückgekehrt, nahm sie junge Mädchen bei sich auf, die sie nach dem gängigen Bildungsideal unterrichtete. Die Mädchen wurden in den musischen Künsten, feinen Sitten und häuslichen Arbeiten unterwiesen und kehrten zu ihrer Hochzeit wieder nach Hause zurück. In ihrer Umgebung gab es mehrere solcher Erziehungseinrichtungen, mit denen sie rivalisierte: Als »bäurische Magd« beschimpfte sie eine der Leiterinnen, sie wisse ja nicht einmal, wie man anmutig die Röcke rafft! Bei besonderen Anlässen trat sie gemeinsam mit ihren Zöglingen auf, zu diesen Gelegenheiten verfertigte sie bezahlte Auftragswerke.

Ihre Pädagogik war die der Kunst, ihre Dichtung ließ Erlebtes miterleben, sie beobachtete sich selbst genau, analysierte präzise ihre Gefühle, ohne sie dabei zu verleugnen. So erfasste sie das Gegensätzliche in der Liebe, die Wortschöpfung »bittersüß« verdanken wir ihr. Sie war nicht besserwissende Lehrerin, nicht mütterliche Matrone, sondern liebevolle Gefährtin der Mädchen im Studium des Lebens. Sie teilte deren Gefühle, zeigte aber auch, was sie an Erfahrung voraus hatte: dass Leidenschaft, Schicksalsschläge, Abschied, Tod ertragen werden müssen im Wissen, dass alles in stetem Wandel ist. Nur die Erinnerung bleibt, sie ist Mutter der Musen, die ihr die Gabe verliehen haben, Lieder zu verfassen: »Meine Haut ist vom Alter gezeichnet, weiß wurde das Haar, das einst schwarz war ... Die Knie tragen mich nicht mehr ... Nicht mehr kann ich tanzen so leichtfüßig wie Rehe. Aber was soll ich machen?« Wer war's?

WM

→ **Lösung auf S. 156**

Für viele Menschen verkörperte er eine Art Vaterfigur, im Privaten aber blieb ihm die Rolle des fürsorglichen Vaters eher fremd. Jedenfalls äußerten das zwei seiner Söhne postum, der eine in einer persönlichen literarischen Annäherung, der andere als Protagonist in einem Dokumentarfilm.

Offensichtlich war er ein Mensch, dem es eine innere Notwendigkeit war, andere immer ein Stück weit auf Distanz zu halten. »Wollte man von ihm mehr über seine Person hören, physische und geistige Erfahrungen mitgeteilt bekommen, wurde er einsilbig«, schrieb der Sohn. Und dass man nicht hoffen durfte, »Verbindlichkeit, vielleicht gar Innigkeit vorzufinden«. Aber, so schreibt er auch, »weil ich das früh verstanden hatte«, sei trotzdem eine Basis für eine vertrauensvolle Beziehung entstanden. Die sich zum Beispiel darin ausdrückte, dass Vater und Sohn gelegentlich gemeinsam zum Angeln gingen. Dort, am Ufer irgendeines stillen Sees, brauchten sie keine Worte, um sich einander nah zu fühlen. Nur waren das rare, kostbare Momente in einem rastlosen, ausgefüllten und öffentlichen Leben, dessen Arbeitswochen wohl meist sieben Tage umfassten.

Als Kind hatte der uneheliche Sohn einer Verkäuferin bereits erfahren müssen, wie schlechte Nachrede das Leben vergiften kann. Ausgleich und Zuflucht fand der Jugendliche dann bei seinem Stiefgroßvater, dessen freiere Überzeugungen und Ideale ihn entsprechend prägten. Freilich sollte es noch lange dauern, bis er seine Ideen endlich auch in praktisches Tun umsetzen konnte. Zunächst schien es klüger, statt der Meinung lieber den Standort zu wechseln. Sein Studium konnte er unter diesen Bedingungen nicht abschließen, ein weiterer Ortswechsel wurde notwendig.

Erst als sich die Zeiten wieder änderten, konnte er den Traum verwirklichen, den er schon als 13-Jähriger geträumt hatte: Er wurde Journalist. Und von da aus war es dann nur noch ein kleiner Schritt hinein in das Betätigungsfeld, in dem er nun eine Step-by-Step-Bilderbuchkarriere hinlegte. »Ich fragte ihn einmal, was er glaube. Er antwortete knapp, hinter jeder Frage tauche eine weitere auf«, erinnert sich der ältere Sohn, der Schriftsteller und Maler.

Die eine oder andere unbeantwortete Frage umgibt denn auch bis heute noch das Ende seiner glanzvollen Laufbahn. Ihr Gipfel sei im Grunde schon ihr Scheitelpunkt gewesen, kommentierte ein Weggefährte im Rückblick. Und wie fast immer in solchen Fällen lag das auch an gewissen Leuten, die ihm keineswegs wohlgesinnt waren.

Zwei Jahre dauerte es noch, dann kam das mächtige Aus, für das Gros des Publikums wohl recht unerwartet. Das ist nun auch schon lange her, doch heute noch fragen sich manche, wie es wohl weitergegangen wäre mit ihm und seinem Land, wenn all das nicht passiert wäre? Wie sagte er noch so schön treffend in einem seiner Bonmots? »Man kann nie so kompliziert denken, wie es plötzlich kommt.« Wer war's?

FD

→ **Lösung auf S. 156**

Er versuchte, seinem Namen gerecht zu werden

Bei seiner Geburt wurde nach dem Zufallsprinzip das Heilige Buch aufgeschlagen, und er bekam den ersten Namen, der dort stand. Wie in der Familie üblich, lernte er zunächst ein Handwerk und wurde Goldschmied. Er erwarb umfassende Bildung, sprach mehrere Sprachen und machte sich auch als Dichter einen Namen. Das Lesen religiöser und philosophischer Bücher blieb seine Lieblingsbeschäftigung.

Als er mit 26 Jahren den Thron bestieg, hielten ihn seine Feinde für einen Mann des Hofes, nicht des Schlachtfelds. Sie mussten schnell erkennen, dass der Prinz, der aus dem Schatten seines gewalttätigen Vaters heraustrat, ehrgeizig war und ein fähiger Soldat dazu. Ruhe und Kaltblütigkeit zeichneten ihn aus. »Er ist groß und dünn, mit einem zarten Teint. Seine Adlernase ist ein wenig zu lang, seine Züge fein … Insgesamt ist seine Erscheinung gefällig, allerdings ist er ein wenig bleich.«

Als Erbe der größten und modernsten Militärmaschinerie seiner Zeit nutzte er die erste Gelegenheit, einen Krieg zu beginnen, um die Machtverhältnisse auf dem Kontinent zu klären. In den ersten beiden Jahren seiner Regierung errang er drei spektakuläre Siege über seine uneinigen und undisziplinierten Feinde. Bei späteren Feldzügen in das Herz des Feindeslands versuchte er, seinen stärksten Gegner durch eine Belagerung zu zwingen, sich ihm in offener Schlacht zu stellen. Diese scheiterte jedoch, und er musste den Rückzug antreten.

Der geborene Souverän sah es als gottgegebene Pflicht an, sein Herrschaftsgebiet zu vergrößern und ein universelles Reich der Gerechtigkeit und Toleranz zu schaffen. Um seine Untertanen vor Machtmissbrauch durch Beamte zu schützen, war jeder verpflichtet, Willkürakte an die zentrale Macht zu melden. Ein detailliertes Rechtssystem legte vom Hochverrat bis zum geraubten Kuss genaue Strafen fest – Bestimmungen regelten die Menge von Butter in Kuchen ebenso wie die Qualität von Restaurantgeschirr. Der Monarch nahm Einfluss auf die Curricula der Universitäten und förderte die Künste, sein Architekt adelte das Reich mit monumentalen Bauten. Eine blühende Ökonomie erlaubte es, den Anspruch auf die Weltherrschaft im Überfluss zur Schau zu stellen. »Alles funkelt vor Gold, Silber, Purpur, Seide, Samt … Worte fehlen, um eine Vorstellung von dem fremdartigen und erstaunlichen Spektakel zu geben. Es ist das Schönste, was ich je gesehen habe«, schrieb beeindruckt ein Gesandter. Später wurde der Luxus der Frömmigkeit geopfert: Statt Teller aus Silber und Gold wurden nur noch Porzellanteller verwendet, ein paar Jahre vor seinem Tod war es Steingut.

Sein strengster Kritiker könnte keinen Fehl an ihm entdecken, außer der ergebenen Liebe zu seiner Frau, berichtete ein Zeitgenosse. Die Fröhliche, wie sie genannt wurde, hatte sein Herz ganz für sich gewonnen. Aber ihre Eifersucht und ihr Ehrgeiz, hieß es, seien der Grund, dass sein vertrauter Freund, Sohn eines Fischers und aufgestiegen zu seinem wichtigsten Ratgeber, wegen Verrats mit dem Tod bestraft wurde. Im Alter schien ihn kaum noch etwas zu berühren – gebeugt, grauhaarig, ernst und traurig sei er nun, aber von ungebrochener Majestät. Um Spekulationen über seine nachlassenden Kräfte zu unterbinden, griff er zu Rouge. Und wie immer war es ein großartiges Spektakel, wenn das Heer ausrückte, auch wenn der Feldherr nicht mehr reiten konnte und gichtgeplagt in einer Kutsche reiste. Er starb am Tag seines größten Sieges in seinem Zelt. Sein Tod wurde verheimlicht, um die Truppen nicht zu demoralisieren. 43 Tage lang tat sein Berater, als sei er noch am Leben – bis der Sohn und Nachfolger dem Heer auf dem Rückzug entgegenkam. Wer war's?

WM

→ Lösung auf S. 156

Sein Leben, gebündelt in einem Satz? Vielleicht so: Er war ein fantastischer Geschäftsmann und schaffte es dabei, sich bis ins Alter den neugierig staunenden Blick eines Kindes auf die Welt zu bewahren. Oder: Schon mit dreißig war er unglaublich reich, berühmt und erfolgreich.

Sein Vater war ein Zimmermann gewesen, der die siebenköpfige Familie nur schlecht ernähren konnte. Später erinnerte sich der erwachsene Junge: »Meine Mutter ging mit hinaus und hämmerte dort und sägte Bretter für die Männer.« Er selbst fing als Neunjähriger an, im Morgengrauen Zeitungen auszutragen: »Im Winter war der Schnee bis zu drei Fuß hoch. Ich war ein kleiner Junge und stand bis zu meiner Nase im Schnee. Ich habe immer noch Albträume davon.« Von dem verdienten Geld durfte er kein Taschengeld behalten, der Vater nahm ihm und den Geschwistern alles gleich ab.

Während Gleichaltrige also spielten und geregelt zur Schule gingen, bestanden seine Kindertage auch schon aus Arbeit. Und hätte er nicht einen älteren Bruder gehabt, der sich liebevoll um ihn kümmerte – wer weiß, was aus ihm geworden wäre. Aber zum Glück waren da auch noch die bunten Welten in seinem Kopf, in die er sich jederzeit hinwegträumen konnte. Sie müssen ihn getragen haben – und dazu die Vision, dass er später vielleicht einen Beruf daraus machen würde.

Diesen unbeirrten Willen hat er, scheint's, früh entwickelt; so schaffte er es im Teenageralter, dem strengen Vater das Geld für den Unterricht an der Kunstakademie abzuschwatzen, manchmal auch noch für eine Kinokarte. Nur wenige Jahre darauf gelang es dem Mittellosen dann gegen alle äußeren Widerstände, das Budget für ein erstes Projekt zusammenzukriegen. In dieser Zeit heiratete er auch: eine junge Kollegin, die an sein Talent glaubte und in seiner neugegründeten Firma mitarbeitete. Später scherzte er, er habe ihr derart viel Lohn geschuldet, dass ihm keine andere Wahl geblieben sei, als sie zu heiraten.

Die Ehe verlief beständig und anscheinend auch recht glücklich. Ob er freilich Zeit fand, seinen zwei Töchtern neben der Arbeit ein präsenter Vater zu sein – darüber kann an dieser Stelle nur spekuliert werden. Bekanntlich war er wie besessen davon, jedes noch so winzige Detail möglichst selbst zu kontrollieren und alles perfekt zu gestalten; da wird das Familienleben schon mal zugunsten der Firma gelitten haben. Eine seiner Töchter schrieb übrigens eine Biografie über ihn, in der sie seinen bescheidenen Lebensstil hervorhob, er habe Kleider von der Stange getragen und am liebsten Pommes oder Pasta gegessen.

Familienbande als Thema: Das beschäftigte ihn zeitlebens. Leitmotivisch spielte er es immer wieder durch, noch in seinem letzten Werk war es ein Plot: das Verhältnis Eltern/Kinder, wie es gelingt oder schiefgeht – und wie Kinder es schaffen können, mit oder ohne Eltern stark zu werden und mutig ihre Träume zu verwirklichen. Ihm selbst gelang das auf unnachahmliche Weise. Politisch im erzkonservativen Lager angesiedelt, schuf er in seinem Genre dennoch ein nahezu revolutionäres und wegweisendes Werk, das mit seinem Namen verbunden bleibt. Dass das alles vor Jahrzehnten in einer Garage im Hinterhof begann, in der Mäuse und Katzen herumstromerten, wird aber eher zu all den Mythen und Märchen zählen, die sich um ihn ranken. Wer war's?

FD

→ **Lösung auf S. 157**

»Liebling der Natur«

Auf dem Sterbebett schärfte er seinen Söhnen ein, ihn drei Tage lang aufgebahrt zu lassen, da »Kranke bisweilen nur durch irgendeine Ohnmacht tot erscheinen«. Und erst wenige Stunden, bevor er seine weltweisen Augen für immer schloss, ließ er einen Notar kommen, um sein Vermächtnis zu diktieren. Der 75-Jährige konnte sich wohl nicht vorstellen, dass ein schlichtes Fieber sein anstrengendes Leben beenden würde, nachdem er Epidemien, Hungersnot, Intrigen, finanzielle Schwierigkeiten und die mit seiner Arbeit verbundenen Gefahren überlebt hatte. Im Testament mühte er sich wie schon sein ganzes Leben, den Fortbestand seines Hauses, die geliebte Ehefrau sowie die überlebenden seiner acht Kinder abzusichern. Der unverheiratete zweitälteste Sohn, die Stütze der Familie, war nicht nur äußerlich sein Ebenbild, sondern folgte ihm auch in allem anderen nach. Aber da war noch der Tunichtgut, den er immer wieder aus Schwierigkeiten hatte heraushauen müssen und dessen Erbteil er von der Einhaltung genauer Verhaltensmaßregeln abhängig machte. Und den Töchtern, deren Schönheit gerühmt wurde, konnte er keine nennenswerte Mitgift hinterlassen. Seine Lieblingstochter war vier Jahre zuvor gestorben, sie hatte er schon als kleines Kind in seiner Kunst ausgebildet und überall mit hingenommen, wobei sie oft Jungenkleidung trug. Sie galt als Wunderkind; ehrenvolle Angebote, die sie von seiner Seite entfernt hätten, lehnte er jedoch ab.

Der Familie eine gesicherte Existenz zu hinterlassen war ihm also nicht wirklich gelungen, trotz der sehr eigenwilligen Strategien und Arbeitsprinzipien, die er entwickelt hatte, um neben seiner Verantwortung als Familienvater seinen »Grillen« nachzugehen. Den ökonomischen Freiraum für Werke, die ihm Ruhm und Ehre einbringen sollten, schuf er sich, indem er auch mindere Aufträge annahm. Immer wieder schaltete er Konkurrenz aus, unterbot Preise oder verschenkte seine Werke einfach, wohl weil er »auf obskure Weise hoffte, die Marktbedingungen umzukehren, Nachfrage durch Angebot zu wecken«. Arbeitsteilige Produktion und rationelle Herstellungsprinzipien machten ihn wettbewerbsfähig, bei allem Erfindungsreichtum nahm er Rücksicht auf die Erwartungen der Auftraggeber. So konnte er, der als »wunderlich, bizarr, flink und kühn« beschrieben wurde, bei der Umgestaltung seiner Stadt eine prominente Rolle spielen.

»Ihr seid ein Feind des Müßiggangs, da Ihr die Stunden teils mit der Mehrung Eures Ruhmes, teils mit der Wiederherstellung der Körperkräfte und teils mit der Erbauung Eures Geistes verbringt. Das heißt musizieren, lachen und singen, um nicht durchzudrehen«, schrieb sein Freund, der Komödiendichter. Dabei wusste er vermutlich nichts von dem »Geheimraum«, einer Wunderkammer, in der der besessene Arbeiter zu Studienzwecken Kopien anderer sammelte, mit eigenen Entwürfen experimentierte und Bühnenmodelle anfertigte, die er theatralisch ausstattete und mit Fenstern versah, um Lichtverhältnisse zu simulieren. Galt er doch als Naturtalent, »geleitet von einer natürlichen und gottgegebenen Neigung«, und wurde, so die Fama, nach nur zehn Tagen Lehrzeit von seinem eifersüchtigen Meister entlassen. Ihm wurde ein gesellschaftlich höherer Rang zuerkannt als der ihm durch Geburt vorgegebene, auch wenn das Handwerk seines Vaters ihm seinen berühmten Namen gab. Wer war's?

WM

→ **Lösung auf S. 157**

Sie huschte um die Ecke

Sie war schön, clever und geizig. Und das hatte Folgen: In einem Alter, in dem andere am Anfang der Karriere stehen, beschloss sie, dass es für sie genug sei. Finanziell hatte sie alles geregelt, beruflich hatte sie ihre Ziele erreicht, im Grunde ihres Herzens sehnte sie sich nach Ruhe – also folgte sie dem Wunsch und verließ die Bildfläche. Soweit das möglich war. Denn die Paparazzi lauerten ihr weiterhin auf; auch ehemalige Kollegen suchten den Kontakt zu ihr, wurden aber stets abgewiesen. Sie hatte viele Rollen gespielt, die Rolle ihres Lebens spielte sie von nun an in der Realität: Madame Rühr-mich-nicht-an.

Dass so ein Rückzug ins Private die Gerüchteküche pusht, versteht sich von selbst. Vor allem über ihr Liebesleben wurde ewig spekuliert. Mal hielt man sie für eine heimliche Geliebte, dann dichtete man ihr Affären mit Frauen an, dann eine Liebschaft mit einem, der altersmäßig ihr Vater, später mit einem, der ihr Sohn hätte sein können. »Die Geschichte meines Lebens«, soll sie zu einem ihrer Vertrauten gesagt haben, »handelt von Hintereingängen und Geheimtüren und … allen möglichen anderen Arten, in ein Gebäude hinein- und wieder herauszukommen, ohne dass es jemand merkt.«

Außerhalb der Wohnung verbarg sie ihr Gesicht unter Hüten oder einer Sonnenbrille. Eine Schriftstellerin, die im selben Viertel wohnte und sie vorbeihuschen sah, beschrieb sie so: »… sie würdigte ihre Umgebung keines Blickes. Immer trug sie flache Schuhe, meist einen weiten Mantel mit hochgeschlagenem Kragen, als ob ihr Hut noch nicht genug von ihrem Gesicht verdeckte. Manchmal hatte sie eine Tüte bei sich, als hätte sie sich einen Pullover oder ein Buch gekauft …« Auch um diese Tüten rankte sich manches Gerücht: Sie habe bei einer zufälligen Begegnung mit Bekannten eine

Packung Marlboro daraus hervorgeholt, hieß es – mit den Worten: »Ich habe Bronchitis.«

Dass sie Plastiktüten statt edler Handtaschen trug, schrieb man ihrem Geiz zu, den sie wohl in ihrer Kindheit erworben hatte, welche überschattet war vom traurigen Schicksal des geliebten Vaters: Krank und verarmt, war er an Tuberkulose gestorben, als sie 15 war. Aber wer weiß, vielleicht hatte sie auch einfach ihren Spaß am Unkonventionellen. Gesellschaftliche Normen schienen ihr ohnehin weitgehend egal. Ihre Verbindung zur Welt war das Telefon, das die Haushälterin abends ausstöpseln musste, bevor sie ging. Tagsüber soll sie dann stundenlang mit den verbliebenen Freunden im In- und Ausland telefoniert haben, erstaunlicherweise ohne Rücksicht auf anfallende Kosten – zu ihrer Zeit gab's keine Flatrate.

Ob sie frei und glücklich war? Oder doch eher unglücklich und sehr allein? Einige Jahre vor ihrem Tod soll sie gesagt haben, sie sei nicht zufrieden mit dem, was sie aus ihrem Leben gemacht habe: »Aber es ist zu spät, das noch zu ändern.« Wer war's?

FD

→ Lösung auf S. 157

Sie wagte viel und gewann mehr

Die Gewalttaten, mit denen eine neue Zeit in ihre ruhige Heimatstadt einbrach, überlebte die elfjährige Klosterschülerin im Versteck bei einer Schneiderin. Dramatischeres als diese ungesicherte Episode ist aus ihren frühen Lebensjahren nicht zu berichten. Wir besitzen nicht einmal ein Bild aus ihrer Jugend. Als klein und leicht pausbäckig wird sie beschrieben, alle rühmten jedoch ihr »glühend blondes« Haar.

Ihr Vater, ein reicher Textilfabrikant mit Adelstick, besaß genug politischen Einfluss, um seine Familie in den turbulenten Zeiten zu schützen. Und als die konservativ erzogene junge Frau mit 21 Jahren den eleganten und ideenreichen Erben einer renommierten Firma heiratete, schien ihr Lebensglück gemacht. Doch schon sechs Jahre später stand sie mit ihrer kleinen Tochter alleine da, ihr Mann war vermutlich Opfer einer Seuche geworden.

Ohne Ausbildung, mit wenig Lebenserfahrung und noch weniger unternehmerischen Kenntnissen nahm sie ihre Zukunft in die eigenen Hände und arbeitete sich mit Talent und Tatkraft in das kleine Familienunternehmen ein. Doch die Zeitläufte machten bei den Geschäften mit einem kapriziösen regionalen Produkt oft einen Strich durch die Rechnung. Kriege, Handelssperren, neue Produktionsweisen und wachsende Konkurrenz bedrohten den ruhigen Geschäftsgang und zwangen zu flexibler Anpassung, zu innovativen Angeboten, Techniken und Vertriebsstrategien. Eine ganze Reihe fähiger Mitarbeiter, die wichtigsten aus dem benachbarten Ausland, unterstützten die energische und erfolgsbesessene Chefin: Listenreich erschlossen sie einen fernen Markt, sorgten dafür, dass ihr Name gleichbedeutend mit dem Produkt wurde, entwickelten mit ihr effektivere Verfahren und retteten sie vor dem Ruin, als sie sich mit einer Bank und Textilunternehmen verspekuliert hatte.

Zehn Jahre harte Arbeit kostete es, bis das vormals blühende Unternehmen wieder konsolidiert war und seine beherrschende Marktposition zurückerobert hatte. Im Rentenalter zog sich die wahre »Workaholic« zwar offiziell zurück, blieb aber eng mit den Geschäften verbunden. Mehr und mehr Zeit widmete sie nun ihrer großen Leidenschaft: dem Bau und der prächtigen Ausstattung schlossartiger Anwesen, die ihren Erfolg demonstrierten. Als Unternehmerin war sie Revolutionärin, dennoch blieb sie eine zutiefst konservative Frau mit einem Hang zum Adel und zu protzigen Soireen.

Zwar lebte sie in einer Zeit, in der Vorurteile gegen Frauen selbst in ein als Fortschritt gepriesenes Gesetzeswerk Einzug hielten, in ihrer Branche aber hatten Frauen schon seit Jahren eine wichtige Rolle gespielt. Ihr persönliches Credo in einem Brief an ihre Urenkelin demonstriert ihr Selbstbewusstsein: »Die Welt ist ständig in Bewegung, und wir müssen die Dinge von morgen erfinden. Man muss sich vor den anderen aufmachen, muss entschlossen und tatkräftig sein. Lass Deine Intelligenz Dein Leben leiten. Handle verwegen.« Wer war's?

WM

→ Lösung auf S. 158

Manchmal verblüffte er mit seiner Selbstironie. So bilanzierte er in einem Interview anlässlich eines runden Geburtstages: »Ich bin 60, sitze in diesem Hotelzimmer und versuche abzunehmen. Das ist ein Fiasko.« Und doch war er überzeugt: Die Jahre von 50 bis 70 sind die besten eines Mannes. Und wie zum Beweis zeugte er noch einmal Nachwuchs, ein Halbgeschwisterchen für drei bereits erwachsene Töchter.

Aber vielleicht täuschte er sich in seiner Einschätzung bezüglich der besten Jahre; zumindest sahen einige Kritiker das anders. Zunehmend vermissten sie den Glanz der frühen Auftritte. Vergleichbar einem Fußballspieler, der irgendwann seinen Zenit überschreitet, musste eben auch er das Nachlassen der Kräfte hinnehmen. Und da er selber in seiner Jugend einen ganz passablen Kicker und Torwart abgegeben hatte, ahnte er die biologische Uhr vielleicht ja doch.

Die Leidenschaft für das runde Leder teilte er übrigens mit fast allen seiner Landsleute. Überhaupt spiegelte sein Lebenswerk die Kulturgeschichte seiner Heimat wider, der er sich auch kulinarisch verbunden fühlte. Aber zugleich war er längst Weltbürger geworden, und dem Wohlergehen der Welt fühlte er sich verpflichtet: Mit Benefizauftritten versuchte er die Not zu lindern, an Orten, wo sie am größten war, etwa in Kriegs- und Krisenregionen.

Das brachte ihm quer über den Globus Sympathien ein – und eine gewisse Nachsicht mit seinen offensichtlicher werdenden Schwächen, die er lange kaschieren konnte, indem er zwei ebenbürtige Mitstreiter auf die Bühne holte. Wieder glückte ihm so die Fusion seiner Leidenschaften: Der Volkssport traf die Hochkultur. Kein Zufall, die Unterscheidung in E und U hatte er nie akzeptiert, versuchte im Gegenteil, das E populär zu machen und dem U mit seinen Mitteln neue Seiten abzugewinnen. Es waren – nach den Triumphen der jungen Jahre – seine erfolgreichsten Projekte, sie machten ihn bei Jung und Alt zum Megastar.

Und wohl auch zum reichen Mann. Allerdings bescherte ihm das Ärger mit dem Fiskus – ein etwas peinliches Kapitel im Lebensbuch des Bäckersohns. Aber letztlich hing er nicht allzu sehr an irdischen Dingen, wie er selber sagte: »Geh' raus in einer klaren Sternennacht und versuch, dir vorzustellen, dass dies nicht das einzige Sternensystem des Universums ist. Das schaffst du nicht. Dein Gehirn packt das nicht. Da verstehst du, wie klein du bist ... und dass es eine größere Instanz geben muss.«

Carpe diem, das schien sein Motto all die Jahre. Als er merkte, dass seine Tage gezählt sein würden, plante er wie zum Trotz noch einmal eine lange Reise. Doch die Krankheit war stärker als er, der stets so groß und unbezwingbar gewirkt hatte. Half ihm sein Glaube, nun auch den letzten Weg zu gehen? Im Himmel, da war er sich sicher, wartete schon ein Teller Spaghetti auf ihn – mit einer ganz einfachen Tomatensauce. Wer war's?

FD

→ Lösung auf S. 158

Ein sanftmütiger Revolutionär

Aus einer glücklichen Kindheit riss ihn der frühe Tod des Vaters. Im Jahr darauf machte sich der schmächtige Junge auf den Weg in die nicht allzu weit entfernte Universitätsstadt, um dort Philosophie und alte Sprachen zu studieren. Da ihm wegen seiner Jugend ein Abschluss verwehrt wurde, wechselte er die Hochschule. Sein Großonkel, ein ebenso berühmter wie streitbarer Gelehrter, hatte dabei wohl die Hand im Spiel. Ihm verdankte er den Namen, unter dem man ihn kennt, und nach seinem glanzvollem Examen die Empfehlung an eine ferne, aufstrebende Universität.

Dort wurde er mit Spannung erwartet, hatte er doch schon mit einem Lehrwerk für Aufsehen gesorgt. Über vierzig Auflagen machten es zum Bestseller in seinem Jahrhundert. Seine Antrittsvorlesung war ein Paukenschlag. Der hagere junge Mann, der leicht stotterte und beim Reden heftig gestikulierte, forderte eine radikale Reform des Unterrichts: Fort mit den Bleigewichten des Überkommenen, her mit neuen Erkenntnissen aus alten Quellen des Wissens. Und der leidenschaftliche Lehrer, für den Bildung und Glaube eins waren, krempelte seine Universität erfolgreich um, engagierte sich bei der Neugestaltung städtischer Oberschulen und konzipierte Lehrmaterialien.

Sollte er sich ein geruhsames Gelehrtendasein erhofft haben, hatte er sich getäuscht: An der Seite seines berserkerhaften Freundes wurde er tief in einen Prinzipienstreit hineingezogen. In einer ersten größeren Abhandlung, für ihn sein Hauptwerk, formulierte er Grundsätze, die er zwar immer wieder überarbeitete, aber niemals widerrief. Uneins mit seinem oft dogmatischen Freund betonte er die Rolle des freien Willens und versuchte, Brücken zu einer liberalen philosophischen Schule zu schlagen.

In seinem streitbaren und zu radikalen Lösungen neigenden Freundeskreis war er derjenige, der auf den Dialog setzte, denn »wir sind zum wechselseitigen Gespräch geboren«. Auf vielen Reisen versuchte er, zwischen gegensätzlichen Positionen zu vermitteln, selbst dann noch, als der oberste Landesherr die Lehre, der er mit Leib und Seele anhing, verbieten ließ. Die Zeit der Diplomatie war schnell vorbei, das Wort in den immer schrilleren Auseinandersetzungen führten die Streithähne, dann klirrten die Waffen. Gegen seinen Willen war seine grundlegende Bekenntnisschrift nun zum Dokument der Spaltung geworden.

Als sein Weggefährte, mit dem er trotz aller Differenzen 26 Jahre lang eng verbunden war, plötzlich starb, stand er allein. Noch immer versuchte er, Kompromisse zu erwirken und Ausgleich zu schaffen, aber keine der verfeindeten Parteien dankte es ihm. Er galt als nachgiebig und machte sich je nachdem als Abweichler oder doppelzüngiger Verhandlungspartner verdächtig. Müde geworden, zog er sich aus allen Streitereien zurück. Seine letzten Lebensjahre waren einsam. Kurz vor seinem Tod fragte ihn sein Schwiegersohn, ob er noch einen Wunsch habe. »Nur den Himmel«, antwortete er. Wer war's?

WM

→ Lösung auf S. 158

Eine glückliche Kindheit

Es ist eine dieser Geschichten mit dem Glas, das entweder halb voll ist oder halb leer. Ihres war grundsätzlich halb voll, egal, was geschah; sie empfand es so von Kindesbeinen an und bis ins hohe Alter. Denn einerseits hatte sie früh lernen müssen, bei der Arbeit auf dem elterlichen Hof mitanzupacken, erinnerte sich auch an strenge Worte der Mutter – »›Reiß dich zusammen und mach weiter‹, das waren die Mahnworte unserer Mutter, wenn wir über der Spülwanne in Träumereien versanken …«; andererseits aber fühlte sie sich geborgen, glücklich und frei: »Es war schön, dort Kind zu sein.«

Dieses Grundgefühl resultierte daraus, dass sie Vater und Mutter hatte, die einander aufrichtig liebten, und Geschwister, mit denen sie spielen konnte. Dazu kam, dass es neben der intakten kleinen Welt daheim noch die große Welt der Bücher gab. Vor allem an den langen Winterabenden tauchte sie ab in die geliebten Leseabenteuer. Glück hatte sie auch mit ihrer besten Freundin, die eine höhere Schule besuchte. Das war unüblich – wozu brauchte ein Mädchen Bildung für teures Schulgeld? Aber die Eltern der Freundin rieten ihren Eltern, es ihnen gleichzutun, und so gelangte das begabte Mädchen ebenfalls auf die Schule und lernte immerhin drei Fremdsprachen, überhaupt den Umgang mit Sprache – die Basis für den späteren Beruf.

Doch zunächst einmal wurde sie Mutter, mit 19 Jahren. Da sie auf sich allein gestellt war, musste der Kleine in eine Pflegefamilie. So oft es ging, besuchte sie ihr Kind. Erst drei Jahre später, als sie zum Mann ihres Herzens gefunden und ihn geheiratet hatte, konnte sie ihr Kind wieder zu sich nehmen. Bald darauf kam seine kleine Halbschwester zur Welt.

Nur konnte das private Glück nicht darüber hinwegtäuschen, dass mittlerweile Krieg herrschte. Immer stärker bestimmten Sorgen ihre Gedanken. »... wir haben ja immer noch genügend zu essen ... (aber anderswo) ... sterben täglich tausende von Menschen vor Hunger ...« Und doch gelang es ihr, sich gegen die Bedrohung eine erstaunliche Gegenwelt mit einer unsterblich gewordenen literarischen Figur auszudenken – da war es wieder, das halb volle Glas ...

Den Namen der Figur hatte ihre Tochter erdacht, er inspirierte sie, und sie dichtete dem Namen einen turbulenten Alltag an. Eines Tages schrieb sie alles auf und gab das Manuskript an einen Verlag – der Wendepunkt in ihrem Leben. Von nun an sollte sie viele Figuren aufs Papier bannen, frei nach dem Motto: »Man brauche gewöhnliche Worte und sage ungewöhnliche Dinge.« Ihr Erfolg kam ihr wohl hin und wieder unwirklich vor, bescheiden meinte sie: »... es ist mir rätselhaft, wie man so unentwegt von lauter, zum Teil überdies noch recht verschrobenen Einfällen leben ... kann.« Wer war's?

FD

→ Lösung auf S. 159

Er schuf blühende Landschaften

»Wenn ich erwachsen bin«, soll das Dorfkind geprahlt haben, »werde ich entweder Staatsmann oder Erzbischof.« Seine Eltern lachten ihn aus, und er wird wohl weiter an einem Rettich oder einer Rübe gekaut haben, wie er es auch später tat, als er Feldmarschall geworden war. Der Junge lernte leicht, besonders Sprachen, bewies ein exzellentes Gedächtnis, konnte sich aber schlecht konzentrieren. Zwar zählte er zu den zwölf besten Studenten der Universität und erhielt eine Goldmedaille für seine Leistungen in Griechisch und Theologie. Ein Jahr später wurde er jedoch wegen »Faulheit und Fehlen im Unterricht« relegiert. Er wich zum Militär aus. Ein ungehorsames Pferd brachte ihn ungewollt in Kontakt mit der Reiterin; sie wurde zur Herrin seines Lebenswegs. Er verliebte sich in sie, aber Konkurrenten um die Gunst dieser Frau verpassten ihm eine derbe Abreibung, bei der er ein Auge einbüßte. Schließlich setzten sich seine unleugbaren Qualitäten als Charmeur und Politiker durch. Der »Beauftragte für Tagesuniformen«, »Vormund exotischer Völker« und Kriegsheld avancierte zum offiziellen Liebhaber, der »vor dem Eingeständnis seiner Liebe zitterte«. »Dieser hervorragende Kopf ist amüsant wie der Teufel«, sagte sie über ihn. Ihre heimliche Heirat schmiedete ein Band zwischen ihnen, das auch hielt, als sie nach zwei leidenschaftlichen Jahren andere Liebesbeziehungen eingingen. Es blieb ein geregeltes Miteinander, eine unerschütterliche »amitié amoureuse«. In allen wichtigen Angelegenheiten vertrauten sie auf den Rat des anderen, denn sie befand »ein Geist ist gut, zwei aber sind besser«.

Überhäuft mit Ehrungen, Ämtern und Reichtümern legte er sich nicht auf die faule Haut, wie einige ihm nachsagten, er kümmerte sich um Siegesfeiern und scheinbare Belanglosigkeiten wie menschliche Behandlung und praktische Bekleidung der Soldaten, verlor aber seine großen politischen Ziele nicht aus dem Blick: die Eroberung des »Paradieses« im Süden, die Gründung neuer Städte und Siedlungen und den schnellen Aufbau einer schlagkräftigen Flotte. Seiner »barmherzigen Dame« führte er auf einer spektakulär inszenierten Reise die Erfolge seiner Kolonisation vor. Aber seine Neider setzten ein übles Gerücht in die Welt, das an seinem Namen haften blieb.

Rastlose Arbeit und ausschweifender Lebenswandel forderten ihren Tribut. Fieber, Erschöpfungszustände und Depressionen suchten ihn heim, der »Koloss«, »Tiger« und »Abgott«, wie ihn seine Gemahlin titulierte, geriet ins Wanken. Noch einmal gab sich der vom Fieber Geschüttelte einer Völlerei hin, verschlang »einen Schinken, eine gepökelte Gans und drei oder vier Hühner«. In einem letzten Brief an die Liebe seines Lebens warf er sich seinem »Mütterchen« zu ihren »heiligen Füßen«, dann brach er zusammen. Als er aus dem Koma erwachte, gab er den Befehl zur Fahrt in seine Lieblingsstadt. Auf einem einsamen und kahlen Hügel in der Steppe ließ er anhalten, befahl, ihn auf den Boden zu legen und starb in den Armen einer geliebten Nichte. Wer war's?

WM

→ **Lösung auf S. 159**

Verhüllte Erotik

Der Regisseur hatte sich in sie verknallt. Sie stelle alle Konkurrentinnen ins Abseits, schwärmte er, denn: »Der Sex darf nicht gleich ins Auge stechen ...« – »... ich brauche Damen, wirkliche Damen, die dann erst im Schlafzimmer zu Nutten werden.« Wie man das erotische Geheimnis perfekt inszeniert, wusste er genau: »Ich zeige sie meistens im Profil, mit einem klassischen Ausdruck ...« So drehte er jenen Film, in dem sie pausenlos die Garderobe wechselt. Und was immer sie trug, sie sah atemberaubend darin aus – verhüllte Erotik eben.

Kein Wunder, dass sie zum Happy End den Mann ihres Herzens um den Ringfinger gewickelt hatte. Bis zu diesem Zeitpunkt war aber nicht nur im Film, sondern auch im Leben alles recht proper für sie gelaufen. Aufgewachsen in reichen Verhältnissen, trotzte sie den sportbegeisterten Eltern die Zusage ab, statt zum Rudertraining in den Schauspielunterricht zu gehen. Immerhin gab es einen preisgekrönten Dichter in der verzweigten Verwandtschaft – wer zweifelte da, dass auch ihr das Künstlerische in den Genen lag?

So wurde sie ein Star: als Verkörperung der Traumfrau, die man(n) vom Fleck weg zum Traualtar führt. Erst spät enthüllte eine Biografie, dass sie durchaus auch zur Geliebten getaugt hatte. Abseits der Kamera genoss sie heimlich manche Affäre, forsch verkündete sie: »Meine Karriere liegt mir mehr am Herzen als der Gedanke an die Ehe. Wenn ich jetzt aufhörte ... dann würde ich mich womöglich mein Leben lang mit dem Gedanken quälen, welch große Schauspielerin ich hätte werden können.« Doch kurz darauf hatte sie ihr Statement vergessen. Vielleicht war ihr doch die echte Liebe begegnet, oder die Realität hatte das ideale Drehbuch für sie entworfen. Die Zutaten jedenfalls standen fest: Kinder, Küche, etwas Glamour, etwas Kirche. Und Devisen.

Und der Regisseur? Er klopfte noch ein paar Mal vergebens bei ihr an und fand schließlich eine Ersatzdarstellerin, stylte diese nach ihrem Vorbild und drehte den Film, der ihn zur Legende machte. Doch auch schon die früheren drei, die mit ihr, hatten das Zeug zum Kinoklassiker.

Es mochte auf seltsame Weise zu ihrem Image passen, dass sie ihre Kreativität später nur noch in der Botanik auslebte. Eine Journalistin äußerte sich ziemlich befremdet: »Blumenpressen ist wahrscheinlich die trostloseste Kunstform, die die Menschheit kennt ... die Blumen sehen tatsächlich tot aus.« Fühlte sie sich etwa so: ein Schmuckstück, gepresst in leblose Form?

In einem Interview anlässlich ihrer Silberhochzeit plauderte sie von ihren vielfältigen Pflichten, sie habe 16-Stunden-Tage: »Ich bin so beschäftigt, wie jemand überhaupt nur sein kann.« Nur ein Happy End fand nicht statt. Und da die damals minderjährige Tochter sich nicht mehr erinnern konnte oder wollte, blieben die Umstände im Dunkeln, die zum Tode ihrer schönen Mutter geführt hatten. Wer war's?

FD

→ Lösung auf S. 159

Eine selbstbewusste Frau mit gehässigem Beinamen

Ihr Vater, ein Lebemann und Schuldenmacher, wollte im Machtkampf dreier großer Dynastien mithalten. Seine erbberechtigte Tochter war der Einsatz im Spiel. Mit zwölf Jahren wurde sie in einer prunkvollen Hochzeit mit einem neunjährigen Bürschchen aus der mutmaßlichen Gewinner-Familie verheiratet. Seit vier Jahren waren sie gemeinsam erzogen worden, eine Herzensbindung entstand jedoch nie.

Mit gerade 17 Jahren übernahm sie die Regierungsgeschäfte in einem heruntergewirtschafteten Land, dessen strategische Lage schon seit Langem die Begehrlichkeit expandierender Mächte geweckt hatte. Mutig setzte sie sich gegen ihre Schwiegerfamilie zur Wehr, die in ihrem Namen, aber ohne ihr Wissen, Teile ihres Erbes verschachert hatte. Sie wollte weder Spielball der Politik anderer sein noch von Männern bevormundet werden. Dieses ungewöhnliche Selbstbewusstsein bekam auch ihr schwächlicher Gemahl zu spüren, der vor allem durch Flegeleien und Spielschulden von sich reden gemacht hatte. Ihr erster Putsch gegen ihn flog auf, der zweite gelang. Als er von der Jagd heimkehrte, fand er alle Türen verschlossen. Er versilberte einige Habseligkeiten und verließ mit seinen Kumpanen fluchtartig das Land. Die höfische Welt entrüstete sich über ihre unerhörte Tat; noch skandalöser war allerdings, dass sie wenige Monate später ohne Scheidung einen Mann aus der gegnerischen Dynastie heiratete. Vor dem Altar erschien sie im Jungfernkranz, denn ihr erster Gemahl, so gab sie an, sei impotent und habe die Ehe nicht vollzogen.

Auch diese Heirat gehorchte politischem Kalkül, ihr Mann erwies sich aber als Glücksgriff. Zwar ließ seine eheliche Treue zu wünschen übrig, doch er sicherte tatkräftig ihr Land gegen Ansprüche anderer und beseitigte die überkommene Misswirtschaft. Seine als »überaus schön« gepriesene

Frau bewies indessen kriegerische Tugenden, als sie den Stammsitz ihrer Familie gegen eine Übermacht verteidigte.

Nach dem Tod ihres Mannes legte sie sich mit ihrem nun regierenden Sohn an, einem vergnügungssüchtigen Jungen ohne Rückgrat, der zum Spielball der Familie seines Vaters geworden war. Als sie lautstark die Mitregierung einforderte und er kurz darauf starb, machten üble Verdächtigungen die Runde: Sie habe ihren Mann und ihren Sohn vergiftet, sei eine Kriemhild, eine Medea.

Die kurze Zeit ihrer Alleinherrschaft endete in einem dubiosen Deal: Gefälschte Dokumente, Täuschungen und massiver Druck machten sie gefügig, bis sie ihr Land schließlich einer Dynastie abtrat, die sich ein großes Reich erheiratete. In deren Residenz lebte sie bis zu ihrem Tod in einem prächtigen Haus. Bösartige Zungen behaupteten, sie habe eine kümmerliche Existenz geführt und sich ihr Brot selbst verdienen müssen, schließlich sei sie vergiftet worden. Dreißig Jahre nach ihrem Tod tauchte ein Schimpfname auf, unter dem sie in Geschichtsbücher und Romane einging. Wer war's?

WM

→ Lösung auf S. 160

Kleiner Mann, ganz groß

»Er war ein Vagabund auf dem Ozean des Lebens.« So treffend beschrieb ihn einer, der es wissen musste: ein Freund und späterer Biograf, der ihn noch persönlich gekannt und immerhin zehn Jahre durchs unstete Künstlerleben begleitet hatte. Doch erst dreißig Jahre nach seinem Tod setzte sich der Freund daran und verfasste die Biografie, die der Verstorbene von ihm erwartet hatte. Denn, so erinnerte er sich: »War ich spielfrei, ging ich in seine Vorstellung …, und oft blieben wir bis drei oder vier Uhr nachts beieinander. Bekannten stellte er mich manchmal gravitätisch vor: ›Das ist Herr G., mein Biograph.‹ … Erzählte er mir aus seinem Leben, fand er selbst, dass Abenteuerlust die große Triebkraft seines Lebens war.«

Ein Weltenbummler also, getrieben von der Sehnsucht nach dem besonderen Moment, erfüllt von Neugier auf alles Menschliche. Fast alles, was er sah, inspirierte ihn. Er hatte eine Doppel-, ja Dreifachbegabung: das Schreiben, das Malen, das Darstellen. Und über allem lag seine Lust am Spiel mit den Facetten und Möglichkeiten von Sprache, lustig und traurig, kindlich und weise. Und ebenso spielte er mit Farbe, Form und fantasievollen Rollen, in die er auch im Alltag gerne schlüpfte: »Fremden gegenüber gab er sich manchmal als Jockey aus.« So weit hergeholt schien das freilich nicht. Denn zum einen war er von zierlicher Statur, zum anderen hatte er viele Metiers tatsächlich ausgeübt: Er war Schiffsjunge, Matrose und – im Krieg – Kommandant eines Minensuchboots gewesen, dazu Bibliothekar, Archivar und angehender Gartenbauer.

Legendenumrankt aber blieb sein Intermezzo als Tabakhändler. »An origineller Werbung fehlte es nicht. Im Schaufenster wühlte neben Bildern und Stichen … ein menschliches Gerippe zwischen Zigarrenkisten und Zigarettenschachteln herum«, erinnert sich der Biograf. »Aber als die erste Sensation vorüber ist, geht der Tabakladen immer schlechter, sodass er bald verschenkt, was er an Vorräten hat, schließlich, nach einem Dreivierteljahr, die Tür offen stehen lässt und davonspaziert.«

Kleiner Mann, was nun? Die Frage stellte sich ihm oft – diesmal nicht. Denn zeitgleich begann seine künstlerische Hoch-Zeit. Er, der Unsesshafte, hatte nicht nur unverhofft einen Ankerplatz gefunden und seine große Liebe geheiratet. Parallel dazu kam auch der Erfolg. Seine Bücher – Gedichte, Prosa, Kinderbücher – verkauften sich, sein Tourneekalender war gefüllt, das Publikum mochte und bewunderte ihn.

Und dann war auch das vorbei. Zu seinem 50. Geburtstag ehrte man ihn mit einer öffentlichen Feier, kurz darauf erkrankte er zu Tode. Und als habe er geahnt, dass es zu Ende ging, hinterließ er seinem liebsten Menschen ein wunderbar tröstliches Gedicht: »Wenn ich tot bin, darfst du gar nicht trauern / Meine Liebe wird mich überdauern / Und in fremden Kleidern dir begegnen / Und dich segnen.« Wer war's?

FD

→ Lösung auf S. 160

Aus dem Osten kam die Vernunft

Bescheidenheit war gewiss nicht seine Zier. Voller Stolz berichtete er in seiner Autobiografie, er sei ein Wunderkind gewesen, denn schon als Zehnjähriger habe er ein heiliges Buch auswendig gekonnt und mit literarischen Kenntnissen geglänzt. Gerade 18 Jahre alt sei er »mit allen Wissenschaften fertig« gewesen, danach sei ihm »nicht Neues untergekommen«.

Der Sohn eines kleinen Beamten hatte das Glück, in einer Stadt aufzuwachsen, in der sich viele Kulturen begegneten. Er nutzte jede Gelegenheit, sich Wissen anzueignen, so ließ er sich von einem Gemüsehändler in indischer Rechenkunst unterweisen. Nebenbei erfand er ein einfaches System des Rechnens mit den Fingern und beeindruckte einen wandernden Philosophen mit seinen definitorischen Leistungen so sehr, dass dieser bei ihm Unterricht nahm.

Der junge Allround-Gelehrte, dem Wein und sinnlichen Freuden zugetan, zog in politisch turbulenten Zeiten von Hof zu Hof auf der Suche nach einem Schirmherrn, der ihm Amt, Einkommen und Freiheit des Denkens versprach. Aus Machtspielen und blutigen Auseinandersetzungen hielt er sich nach Kräften heraus. Als er zum Innenminister eines kleinen Fürstentums ernannt worden war, entging er nach einem Militärputsch gegen ihn jedoch nur knapp seiner Hinrichtung.

Schreiben und Lehren waren die Konstanten in seinem unsteten Leben. 456 Abhandlungen soll er in etwa dreißig Jahren verfasst haben; 256 sind erhalten, obwohl er mit seinen Manuskripten sehr sorglos umging. Vor allem zwei monumentale Werke, in denen er das philosophische und naturkundliche Wissen der »Alten« zusammengefasst, interpretiert und verfeinert hatte, trugen seinen Ruf durch die Zeiten und bis in ferne Länder. Dort galt er vor allem als oberste medizinische Autorität, hatte er doch die Kenntnisse der Anatomie erweitert, Krebsoperationen im Frühstadium empfohlen sowie kontrollierte Versuche zur Wirkung von Medikamenten. Er selbst sah sich jedoch als kritischer Vollender der klassischen Philosophie, als Vermittler von Weltwissen und Verfechter rationaler Erklärungen natürlicher Phänomene. So war er der Erste, der die Entstehung der Gebirge geologisch zutreffend erklärte und die Position der Venus im Sonnensystem bestimmte.

In seinen letzten Jahren bot ihm ein freigeistiger Fürst Sicherheit und Auskommen. Er brillierte in der aufgeschlossenen Atmosphäre des Hofs und entwickelte als Krönung seines Lebenswerks eine »östliche Philosophie«, deren Manuskript bei einem Bibliotheksbrand verloren ging. Ihr Widerschein findet sich in einer Abhandlung über das ausgewogene Urteil: Dort zeigt sich, wie weit er sich mittlerweile von der philosophischen Tradition entfernt hatte.

Strapaziöse Kriegszüge, auf denen er seinen Gönner begleitete, ruinierten seine Gesundheit ebenso sehr wie sein ausschweifender Lebenswandel und falsch gemischte Medikamente. Als er sein Ende kommen fühlte, brach er alle Behandlungen ab und erwartete gelassen den Tod. Wer war's?

WM

→ Lösung auf S. 161

Was einen rettet

Das Schöne am Schreiben eines Promi-Rätsels ist, dass man sich ab und zu mit seinen Helden beschäftigen kann. Mit Leuten, die man mag, bewundert oder großartig findet. Und auf ihn trifft alles auf einmal zu – was insofern sogar ein Rate-Hinweis ist, weil Millionen die gleiche Zuneigung zu ihm haben. Er ist beliebt, oder, wie es in einem Porträt hieß, »auf seinen Humor können sich alle einigen: Männer und Frauen, Intellektuelle und schlichte Gemüter, Homos und Heteros«.

Wohl auch deshalb hat er mittlerweile alle Preise einheimsen können, die in seiner Branche vergeben werden. Wobei es schon erstaunt, wie lange und kontinuierlich er sich an der Spitze hält – annähernd 30 Jahre. Gut, zwischendurch passierte mal der eine oder andere Flop, doch geschadet hat ihm das nie. »Flops sind vorprogrammiert, man muss da auch ein bisschen ein Spieler sein«, sagte er dann, tauchte eine Zeit lang ab und irgendwann wieder auf, mit verschmitztem Lächeln und neuen Ideen.

Mit sieben Jahren hat der Sohn eines Tischlers und einer Floristin geahnt, dass er vielleicht ein wenig anders sei als andere. Mit zwölf wusste er definitiv, was er später werden würde: einer, der den Menschen guttut, indem er sie zum Lachen bringt. Schon als Gymnasiast bastelte er eifrig an seiner Zukunft und störte sich nicht daran, dass er in Fächern wie Mathe, Physik, Chemie ständig auf der Kippe stand. Und ebenso in Sport, weshalb ihn eine unsensible Sportlehrerin als »Pfannkuchen« verspottete. Ihn focht das wenig an, seine Begabung lag anderswo, das wusste er sehr früh. Und außerdem behagte ihm das Leben als Couchpotatoe: »Ich bin häuslich.«

Sein Debüt vor größerem Publikum hat er übrigens vermasselt. Er schlug sich selbst einen Zahn aus, als er das Mikrofon zu heftig aus der Halterung riss. Danach ging's dennoch rasch bergauf, auch, weil er so wandelbar ist. Wenn er in die Maske einer Rolle schlüpft, ist er die Person – so überzeugend, dass er damit schon manche Irritation in der Öffentlichkeit erzeugt hat. Woher er seine Einfälle nimmt? »Ich beobachte viel, und irgendwann ist die Figur da.«

Eigentlich hat er nur ein Ziel: »Niemand soll sich langweilen.« Dabei ist er klug genug zu wissen, dass es auch Blödelgrenzen gibt. Er ist ein Sprach-Junkie, mindestens fünf Fremdsprachen beherrscht er fließend und dazu allerlei verschrobene Dialekte. Und er schreibt, das Schreiben, sagt er, habe er schon immer mehr geliebt als alles andere: »Schreiben ist ganz bei sich sein.« Dass ihm damit ein großer Wurf gelang, hat er selbst am wenigsten erwartet. Aber die Leute mögen ihn halt auch, wenn er nicht nur lustig ist.

Er selbst erfuhr schon als Kind, was der Ernst des Lebens bedeutet: Seine Mutter starb, als er acht Jahre alt war. »Es war eine dunkle Zeit. Die Jahre von acht bis elf fehlen in meiner Erinnerung.« Mag sein, dass sein Humor ihn letztlich gerettet hat. Wer ist's?

FD

→ Lösung auf S. 161

Ein weltoffenes Vorbild für Reisende

»Er war und blieb überhaupt sein ganzes Leben lang ein echter Bauer, mit allen Tugenden und auch den kleinen Fehlern seines Geburtsstandes. Unleugbar war er wohl eigensinnig, und ihm einen festgefassten Gedanken auszureden war sehr schwer.« Vermutlich trieb ihn gerade das Querköpfige, die abgebrochene Schulkarriere fortzusetzen, Landmesser zu lernen und ein Mathematikstudium zu absolvieren. Als ihm sein königlicher Dienstherr vorschlug, an einer Forschungsreise teilzunehmen, siegte die Herausforderung über das Bodenständige. Mit fünf Gefährten machte er sich auf den Weg in ein Land, von dem nur Märchenhaftes bekannt war. Die Fragen, die die gelehrte Welt der Expedition mitgeben sollte, trafen nur zögerlich ein und verdrossen ihn, waren manche doch so läppisch wie die nach der Häufigkeit von hohlen Zähnen bei fremden Völkern. Zudem ärgerten ihn Animositäten unter den Forschern. Er konzentrierte sich auf seine eigentliche Aufgabe, zeichnete Pläne und vermaß en passant und erstaunlich genau ein Weltwunder.

Geschwächt und krank trafen die Reisenden an ihrem Bestimmungsort ein; zwei der Gefährten starben bald, drei weitere in den nächsten Monaten. Hellsichtig diagnostizierte er, der einzige Überlebende, die Ursachen: Die Gruppe war zu groß, um sich »frühzeitig zu bequemen, nach Art des Landes zu leben«, sie aß zu viel Fleisch, setzte sich nach heißen Tagen der kalten Abendluft aus und reiste zu schnell.

Am Wendepunkt der Reise war er auf sich allein gestellt. Der Rückweg führte ihn fast drei Jahre lang mit einem Diener und drei Pferden durch Wüsten und Gebirge, er litt unter der sengenden Sonne und kämpfte mit hohem Schnee. Er tarnte sich mit dem Namen »Diener Gottes«, mied »obrigkeitliche Personen«, suchte dagegen den Kontakt zu weit gereisten Kaufleuten und armen Gelehrten, die sich gegen kleine Geschenke auf fruchtbare Gespräche einließen. Was er brauchte, führte er mit sich: eine praktische Feldküche samt Kaffeekanne, ein ledernes Tischtuch, Vorräte, um Brot zu backen, Bettzeug, natürlich auch Bücher und seine Instrumente. Fasziniert war er vom »Juwel« dieser Weltgegend, den staunenswerten Resten der Residenz eines mächtigen Geschlechts. Drei Wochen lang zeichnete er und vermaß, beschrieb Kunstwerke und kopierte Inschriften mit stupender Genauigkeit.

Nach seiner Rückkehr zog er sich als Amtsperson in ein stilles Landstädtchen zurück. Den Ertrag seiner Reise fasste er in zwei Werke, die ihm das schönste Zeugnis ausstellen als weltklugem, vorurteilsfreiem und uneitlem Gelehrten. Im Alter klagte er, die Sonne über der unvergesslichen Ruinenstadt habe sein Augenlicht zerstört. Blind in seinem Bette liegend und dem Tod nahe, traten ihm die Bilder seiner Reise vor die Seele. »Ebenso spiegelte sich ihm der sternenwimmelnde Nachthimmel, den er so oft geschaut hatte, oder seine hohe Tageswölbung und Bläue in der Stunde der Stille, und dies war sein süßester Genuss.« Wer war's?

WM

→ Lösung auf S. 161

Viel mehr, als sie gedacht hatte

Zeitlebens scharte sie Bewunderer um sich. Und der wichtigste, ihr förderlichste, sagte über sie, es gebe wohl »keine Frau auf der Welt, die nicht davon träumt, wie sie auszusehen«. Das klang zwar ein wenig nach PR in eigener Sache: War er es doch, der ihr Erscheinungsbild vorrangig prägte. Doch andererseits war es nicht mal sonderlich übertrieben. Über Jahrzehnte sollte sie als Trendsetterin in Sachen Mode und Stil gelten – obwohl sie anfangs kaum dem gängigen Schönheitsideal entsprochen hatte. Aber sie machte das Beste aus ihrem Typ und gewann damit im Handumdrehen das Publikum: mit Natürlichkeit, einer Prise Frechheit – und mit Gefühl.

Es machte schlichtweg Spaß, ihr zuzusehen; das hatte einer der Großen an den Sets sofort erkannt. Gleich im Anschluss an ihr Debüt verpflichtete er sie für die nächste Hauptrolle – er sollte es nicht bereuen, denn: »Sie ist eine Freude für jeden Regisseur.« Dabei hatte sie ursprünglich ein anderes Ziel angestrebt, das sie aber auf halbem Weg aufgeben musste. Anscheinend war sie der körperlichen Belastung in dem erhofften Beruf nicht gewachsen, weil sie als junges Mädchen lange Zeit krank gewesen war. Eine Folge davon blieb ihre fragile Gesundheit; doch zugleich verdankte sich alldem auch ihre Aura, die sie zum Liebling der Fotografen machte.

Einer ihrer Vorzüge: ihre Wandlungsfähigkeit. Vom Aschenputtel bis zur Diva, in jeder Rolle kam sie glaubhaft rüber. Und nur wenige ihrer Kolleginnen hatten vor der Kamera das Glück, so viele attraktive Leinwandhelden zu küssen, wie sie es tat. Dabei liebte sie das erotische Spiel auch hinter den Kulissen: Mit einigen Kollegen hatte sie Affären, mit einem wurde es schließlich ernst. Die beiden heirateten, gründeten eine Familie. Vierzehn Jahre hielt die

Ehe, ihm aber sollte das Etikett »Ex-Ehemann von …« auf ewig anhaften; selbst in den Nachrufen auf ihn, bald ein halbes Jahrhundert später, ging es immer auch um sie.

Dass sie derart populär war, fand sie eher verwunderlich. »Ich habe nie erwartet, dass das Leben etwas Besonderes für mich bereithält«, meinte sie, »und doch scheine ich weit mehr erreicht zu haben, als ich mir je erhofft hatte.« Und als ein Fan ihr huldigte, sie habe »die schönsten Augen der Welt«, antwortete sie trocken: »Vielleicht das schönste Augen-Make-up.«

Diese Art von Pragmatismus war eine private, meist verborgene Seite ihres Charakters; vermutlich resultierte auch sie aus den prägenden Erfahrungen von Krankheit und Bedrohung. Seither wusste sie, dass es manchmal ums reine Überleben gehen kann. Also hielt sie ihre Habe beisammen und zog mit einem Holländer in ein Land, in dem betuchte Leute gut und gerne leben. Doch nur der sichere Hafen konnte ihr auf Dauer nicht genügen; später fand sie eine gänzlich neue und soziale Aufgabe, die ihrem Leben tiefen Sinn verlieh – und darin ihr Glück. Wer war's?

FD

→ **Lösung auf S. 162**

Vorzeitig für volljährig erklärt, übernahm der stattliche junge Mann das heruntergekommene Erbe seiner Eltern. Er zog einen lukrativen Weinhandel auf, brachte es zu bescheidenem Wohlstand und pflegte als Markenzeichen ein männliches Attribut. Bei aller Weltkenntnis blieb er Traditionen verhaftet und kümmerte sich wenig um die turbulenten Zeitläufte.

Die großen politischen Auseinandersetzungen berührten ihn erst, als neue Landesherren alte Rechte missachteten, in das Kirchenleben eingriffen und unbedacht Neuerungen einführten. Als zudem die Hoffnung auf wirtschaftliche Erholung nach einer tiefen Krise schwand, wuchs die allgemeine »Erregung«. Gelöbnisse des angestammten Souveräns, er werde seine Ex-Untertanen nach Kräften gegen die Fremdherrschaft unterstützen, bestärkten den (selbst-)»ernannten Kommandanten«, gegen die verhassten Besatzer ins Feld zu ziehen. Die ersten militärischen Erfolge und die Demütigung eines als unbesiegbar geltenden Gegners wurden mit Massenbesäufnissen gefeiert. Während der Kämpfe, die seine Truppen todesmutig mit überraschender Taktik führten, hielt sich der Kommandant allerdings im Hinterland auf. Bemüht, den Überblick zu behalten, gab er pathetische Befehle und bewies, dass er ein schlechter Stratege war.

Sein Drama begann, als der alte Landesherr endgültig unterlag und er mit den Seinen von einem Gegner angegriffen wurde, der das ansteckende Beispiel eines Volksaufstandes schnell und brutal aus der Welt schaffen wollte. Noch einmal bewährten sich Taktik und Moral der Aufständischen in der Schlacht. Ihr kurzes Regiment in der Landeshauptstadt allerdings hinterließ blankes Chaos: Der Kommandant, nun »Verwalter« im Namen des für seine Landsleute allein legitimen Souveräns, reinigte die Universität und die Schulen von aufgeklärten Lehrern, verbot Tanzfeste und Bälle, ließ sogar die Wirtshäuser während der Gottesdienste schließen. Da er Waffenstillstand und Friedensschluss missachtet hatte, geriet er endgültig zwischen die Mahlsteine. Verzweifelt und verwirrt, schrieb er flehentliche Briefe an seine alten Vertrauten im ehemaligen Herrscherhaus. Immer häufiger sprach er dem Wein zu, schließlich wurde er zur tragischen Handpuppe eines religiösen Fanatikers und eines Psychopathen. Noch einmal zogen seine Leute in die Schlacht, nach der Niederlage stoben sie in alle Winde davon, und er befahl die Einstellung der Kämpfe.

Einen letzten sinnlosen Aufruf zum Widerstand diktierte ihm ein radikaler harter Kern, doch im ersten Winterschnee war alles vorbei. Er weigerte sich zu fliehen und zog sich in ein Versteck zurück. Dort betete er stundenlang und trank unmäßig, eine Abordnung von Priestern hielt er gar für Abgesandte des Teufels. Er wurde gefangen genommen, nachdem ein Bauer seinen Zufluchtsort verraten hatte, und unter Trommelwirbeln und klingendem Spiel durch die alte Residenzstadt getrieben. Ein Gericht, das nicht zuständig war, verurteilte ihn zum Tode, am nächsten Morgen wurde der spätere Held für alle Fälle hingerichtet. Wer war's?

WM

→ Lösung auf S. 162

Vom Schatten ins Licht

Als der Elfjährige vorzeitig die Schule verließ, deutete nichts darauf hin, dass er einmal ganz groß rauskommen würde. Es fehlte ihm ja nicht nur an Bildung, auch sein Aussehen ließ zu wünschen übrig: Er war ziemlich klein, im Körperbau gedrungen, und seine Hautfarbe war ohnehin ein Makel. Vor allem aber seine Herkunft galt vielen als anrüchig. In der Gosse war er groß geworden, hatte schon mit fünf Jahren als Zeitungsausträger das Familienbudget aufbessern müssen – ein allein gelassenes Kind zwischen Nutten, Zuhältern, Kleinganoven, die sich halb illegal über Wasser hielten. Die Mutter ernährte sich und ihre zwei Kinder zeitweise mit Prostitution, der Vater ward jahrelang nie gesehen, allein die streng katholische Großmutter bot eine Art Zuhause.

Wen hätte es verwundert, wenn aus ihm ein Straßenfilou geworden wäre? Doch alles sollte anders kommen, denn er besaß Talent. Und er war clever und stark genug, an sich zu arbeiten und daraus Beruf und Berufung zu machen. »Der Herr liebt die Armen, aber nicht die Armen und Faulen«, war sein Motto.

Ein Zufall half dem Jungen, als er ins Erziehungsheim kam und dort zwei Jahre bleiben musste. Hier gab es regelmäßig warmes Essen und festes Schuhwerk, und hier fand der vaterlos aufgewachsene Bub auch einen Ersatzvater, der ihn förderte (das sollte in seinem Leben noch mehrfach passieren). Der musikalische Rohdiamant landete im Heimorchester und erhielt seinen ersten Feinschliff.

Dass man ihn allerdings zehn Jahre später schon in den besten Clubs seiner Zeit bejubeln und dass das so bleiben würde, mag ihn im Rückblick manchmal selbst erstaunt haben. »Ich habe nie versucht, etwas zu beweisen, ich wollte nur eine gute Show geben. Mein Leben war meine Musik …, aber sie ist nichts wert, wenn du sie nicht öffentlich spielen kannst. Die Hauptsache ist, für das Publikum zu leben, denn du bist dafür da, die Menschen zu erfreuen.«

Er war auf die Sonnenseite der Straße gewechselt, welch ein Aufstieg aus Enge und Armut! Eines seiner ersten festen Engagements hatte er auf einem Flussdampfer gefunden, der Touristen gen Sonnenuntergang schipperte, hier lernte er endlich auch Noten lesen. Das ging drei Sommer lang, bis es ihn in die nahe Metropole zog. Der zweite seiner Ersatzväter hatte gerufen, und er folgte dem Ruf. Von nun an wollte er nur noch mit den besten Musikern und Musikerinnen auftreten. Als er seine erste Band unter eigenem Namen gründete, war er 26 – was dann folgte, ist längst Legende.

Wie auch sein zweites Talent als Entertainer, das ihn wohl schon als Kind oft gerettet hat und ihn nie verließ, auch nicht bei immerhin drei Scheidungen. Sein Humor, sein Lachen, seine Lebensfreude waren unverkennbar, optisch und akustisch. »Wenn ich sterbe«, sagte er einmal, »wird es die schönste Beerdigung geben, die man je gesehen hat. Ich wünschte nur, ich könnte zusehen.« Wer war's?

FD

→ **Lösung auf S. 162**

Kurz nach seinem Tod gab sein Nachfolger ein Geschichts-
werk in Auftrag, das nur von Eingeweihten gelesen werden
durfte. Es berichtet von einem erstaunlich klugen Staats-
gründer, den in gefährlichen Situationen schlotternde Angst
befallen konnte. War das sein wahres Gesicht?

Bei seiner Geburt soll der älteste Sohn eines einfluss-
reichen Mannes ein Glückssymbol in der Hand gehalten
haben. Nach einem seiner Gefangenen gab ihm sein Vater
den Namen »Der Schmied«. Schon der Neunjährige sei »ein
Knabe mit Feuer in den Augen und Glanz im Gesicht« gewesen, offenkundigen Zeichen für eine Berufung zu Höhe-
rem. Allerdings waren seine Aussichten eher ungünstig: Die
aristokratische Familie war nach dem frühen Tod des Vaters
abgesunken und ausgeplündert worden. Und der Auftakt
seiner politischen Karriere ließ wenig Gutes erwarten. Kalt-
blütig brachte er seinen Halbbruder um, vorgeblich wegen
einiger Diebereien. Aber er erwies sich als kluger Taktiker,
großzügig und loyal gegenüber seinen Verbündeten.

In zähen und blutigen Auseinandersetzungen mit Rivalen und abgefallenen Freunden setzte er sich schließlich
durch. Knapp über vierzig Jahre alt, war er am Ziel: Eine Ver-
sammlung übertrug ihm die unumschränkte Macht über zer-
splitterte Stämme und kleine Feudalherren. Mit Entschlos-
senheit, praktischer Intelligenz und der List, allen seinen
Entscheidungen das Mäntelchen der Rechtmäßigkeit um-
zuhängen, schuf er einen nach dem Dezimalsystem geglie-
derten Militärstaat, brach mit den traditionellen Ordnungen
und ließ statt feudaler Vorrechte allein persönliche Verdiens-
te gelten. Nur zu oft hatte er im Kampf um die Macht erfahren, dass auf die alten Oligarchien kein Verlass war, Freunde
sich als trügerisch und Verbündete als wankelmütig erwie-
sen. Zentrale Führung, ein schnelles Nachrichtensystem, die

Einführung der Schrift und die Beschneidung traditioneller Freiheiten garantierten den Zusammenhalt des expansiven Staatswesens. Drakonische Gesetze unterbanden Raub und Blutrache und sorgten im Innern für sozialen Frieden.

Mit ausgefeilter Gefechtstechnik, aber ohne fest umrissenen Eroberungsplan ließ der Herrscher je nach politischer Lage und militärischer Gunst der Stunde ein Land ums andere angreifen und unterwerfen. Seine Armeen töteten und zerstörten, aber nicht wahllos oder aus Sadismus: Wer sich ergab, wurde geschont; Handwerker, Gelehrte und Künstler genossen die Achtung des Eroberers, der bescheiden lebte und neugierig auf alles Fremde war. In der Begegnung seiner Soldaten mit bedrohlich wirkenden, überlegenen Zivilisationen konnte eine Art Kulturschock allerdings auch in blinde Zerstörungswut umschlagen. Das schlimmste Massaker befahl er jedoch aus Rache: Als Freundschaftsgeste hatte er eine Gesandtschaft auf den Weg gebracht, sie wurde überfallen und niedergemetzelt. Dafür ließ er eine blühende städtische Kultur in einem Blutbad untergehen.

Zu Beginn seines letzten Feldzugs scheute sein Pferd bei einer Treibjagd, er stürzte und zog sich innere Verletzungen zu. Er starb noch vor dem Sieg über ein Volk, dessen Namen er aus der Geschichte tilgte. Wer war's?

WM

→ Lösung auf S. 163

Gut gebrüllt, Löwe!

Kaum einer trommelte schon als junger Mann so laut für die eigene Sache wie er, auch wenn er die Highschool nur mit Mühe schaffte. »Teilgenommen« stand im Abschlusszeugnis, das er wohl nur dem Wohlwollen des Direktors verdankte, der sein Ausnahmetalent auf anderem Gebiet erkannt hatte: »Glauben Sie, ich will der Rektor einer Schule sein, die … nicht beendet hat? Der wird später an einem Abend mehr Geld verdienen als der Rektor und alle Lehrer in einem Jahr.« Der gute Mann sollte recht behalten, denn sein schlechter Schüler kannte ohnehin nur ein einziges Ziel: Superstar wollte er werden in einer Disziplin, die er zur Kunstform adeln würde.

Eine Vision, die sich erfüllen sollte, weil er hatte, was der Konkurrenz fehlte – Stil und Charisma. Allerdings verlangte der Weg nach oben viel Verzicht. Während Gleichaltrige rauchend in den Gassen herumlümmelten, verordnete er sich einen exakt terminierten Tagesablauf voller Verbote. Keine Flirts, keine Drogen, keine Party. Dazu ein strenger Speiseplan: morgens zwei rohe Eier plus ein Liter Milch, tagsüber jede Menge Wasser mit Knoblauchextrakt und viel Kraftfutter. Nur ein perfekt funktionierender Körper würde ihm ermöglichen, seinen Traum zu leben, das wusste er und lebte danach.

Der Lohn ließ nicht auf sich warten: Nur Minuten brauchte er am entscheidenden Tag, um sich an die Spitze zu katapultieren. Und während sich die Zuschauer noch ungläubig die Augen rieben, strahlte sein gewinnendes Lächeln schon um die Welt. Fast über Nacht war er zum Publikumsmagneten avanciert. Und noch etwas war passiert: Ein Minderheitenprogramm war dank ihm zum Großereignis geworden. Vom Erfolg beflügelt, trommelte er weiter in eigener Sache: »Was glauben Sie wohl, wo ich nächste Woche wäre, wenn ich nicht wüsste, wie man schreit und brüllt? Ich wäre arm und wahrscheinlich in meiner Heimatstadt, würde Fenster putzen oder einen Fahrstuhl fahren und ›yassuh‹ und ›nawsuh‹ sagen.«

Und dann trommelte er ein einziges Mal zu viel – und plötzlich fiel der Vorhang. Dieses eine Mal waren seine Gegner mächtiger als er gewesen. Von nun an hieß es für ihn und seine Fans, Geduld zu haben. Doch er hielt durch – und schon wenige Jahre später schien es, als wäre er nie weg gewesen.

Und dann machte er doch diesen Fehler, den so viele machen: Er verpasste den richtigen Zeitpunkt, sich zu verabschieden. Nur zehn Jahre nach seinen größten Triumphen war der Held von einst kaum wiederzuerkennen. Die Zuneigung des Publikums aber blieb ihm erhalten, ja, sie schien noch zu wachsen. Und auch privat hatte er, nach drei harten Scheidungskämpfen, endlich zur Ruhe gefunden. Seine vierte Ehe gilt trotz mancher Bürde als harmonisch. Der Prahlhans der frühen Jahre hat, so scheint es, zu innerem Frieden gefunden. Und seine Popularität nutzt er nun vor allem, um für eine gerechtere Welt zu werben. Wer ist's?

FD

→ Lösung auf S. 163

Das Muster weltmännischer Eleganz

Einer in der langen Geschwisterreihe musste ja aus der ernsten Art der Familie schlagen: Der jüngste Sohn übernahm schließlich den Part des lebenslustigen Weltkinds. Zwar half er seinem langsam erblindenden Vater geduldig bei der Arbeit, fing sich aber eine schallende Ohrfeige des erbosten Patriarchen ein, als er in jugendlichem Übermut eine Probe seines Könnens einfach abbrach, anstatt sie regelgerecht zu beenden.

Nach dem Tod des Vaters nahm sich ein Bruder des 14-jährigen an, bildete ihn aus, wollte den Leichtfuß aber bald aus dem Haus haben und vermittelte ihn in die Ferne. Eine eher romantische Version behauptet dagegen, er sei den Lockungen einer Sängerin gefolgt. Wie auch immer, sein Dienstherr war von ihm angetan, er finanzierte ihm sogar ein Studium bei einem berühmten Lehrmeister, der in puncto Strenge seinem Vater nicht nachstand. Sicher nicht aus Überzeugung, eher um ein gut dotiertes und repräsentatives Amt zu ergattern, wechselte er die Konfession – sehr zum Verdruss seiner Brüder, die ihn mahnend daran erinnerten, dass ihr Vorvater aus Treue zu seinem angestammten Glauben ins Exil gegangen war. Einer der Brüder soll in der Folge kein gutes Wort mehr über den Abtrünnigen gesagt haben.

Bald feierte der knapp über Zwanzigjährige Erfolg auf Erfolg. Der Jungstar, ein Meister des Gefälligen, reüssierte zuerst in den seriösen Genres, dann auch in einer Gattung à la mode, die nicht so recht zu seinem Amt passen wollte. Folglich gab er es auf, genoss unbeschwert die Huldigungen einer kunstvernarrten Stadt und die Gunst einer Tänzerin. Nun hatte er endgültig mit schwerblütiger Familientradition und bodenständigem Ernst gebrochen.

Seinem Dienstherrn sagte er endgültig und dem Lotterleben vorläufig Adieu, als ihn eine Königin zu ihrem persönlichen Lehrer machen wollte. Er zog in eine Metropole, in der der Geist einer neuen Zeit schon spürbar war. Dort setzte er sich für ein Wunderkind ein, obwohl er in ihm den übermächtigen Konkurrenten witterte. Der Jüngere allerdings sah in ihm Vorbild und Maßstab: »Ich liebe ihn … von ganzem Herzen und habe Hochachtung für ihn.« Auch in seinem neuen Wirkungskreis feierte er Erfolge in seinem Lieblingsfach. Mit einem Freund wagte er eine lukrative Neuerung: eine Veranstaltungsserie auf gehobenem Niveau für ein bürgerlich-großstädtisches Publikum. Nach mehr als anderthalb Jahrzehnten der Triumphe sank jedoch sein Glücksstern. Die Einnahmen aus seinen Veranstaltungen gingen zurück, einige ambitionierte Projekte erlitten Schiffbruch, durch Veruntreuung verlor er eine hohe Summe. Überdies machten ihm die Folgen des Wohllebens und des Alkoholkonsums zu schaffen. Als er Erholung auf dem Land suchte, erlag er überraschend einer ominösen »Brustkrankheit«. Die Nachwelt liebte es, sein heiteres Talent zu schwärzen, er sei eben nur Wegbereiter Größerer gewesen. Erst unsere Zeit erinnerte sich an seine schwungvolle, manchmal kühne Eleganz. Wer war's?

WM

→ Lösung auf S. 164

Fußstapfen

Er war der Zweitgeborene, bekanntlich kein Sonnenplatz in der Nachwuchshierarchie. Die größte Liebe der Eltern gilt ja schon dem ersten Sohn, das war bei ihm nicht anders: Der Vater projizierte alle Wünsche auf den Erstgeborenen. Der trug den Vornamen des Vaters, sollte sein Erbe werden und eine glorreiche Zukunft mitgestalten. »Mein Vater wollte, dass der älteste Sohn in die Politik geht. ›Wollte‹ ist nicht das richtige Wort. Er verlangte es …«, erinnerte sich der zweite Sohn später und brachte es auf die Formel: »Es war wie eine Einberufung.« Der Vater selbst hatte vorgemacht, wie ein rasanter Aufstieg gelingt: Von irischen Vorfahren abstammend, war er im Land seiner Träume ein einflussreicher Finanzmagnat und mit klugen Geldanlagen bald zum Millionär geworden. Den beruflichen Erfolg krönte er mit einer standesgemäßen Heirat und gab so das Motto für den Junior vor: »Werde nicht Zweiter oder Dritter – das zählt nicht: Du musst gewinnen!«

Lange sah es danach aus, als sollte der Plan des Vaters aufgehen. Der Stammhalter glänzte in der Schule und im Sport, während der zwei Jahre Jüngere daneben verblasste: ein schüchterner, kränklicher Junge, der unter Asthma, Allergien und Rückenschmerzen litt. Zudem quälte ihn eine chronische Krankheit, die in Schüben auftrat und die man erst richtig diagnostizierte, als er schon 30 war. »Sie müssen wissen, ich bin keine Leuchte wie mein Bruder«, soll er als Erstsemester einmal zu einem Professor gesagt haben – das klingt nicht gerade nach Selbstbewusstsein.

Und doch gelang es ihm wenige Jahre später, erstmals aus dem Schatten des Bruders herauszutreten. Seine mit cum laude bewertete Abschlussarbeit kam als Buch heraus und wurde ein Bestseller, denn er behandelte darin die vermutlich wichtigsten Fragen jener Zeit: Wie hatte es zur Katastrophe kommen, und wie hätte sie verhindert werden können? Er war nun 23, und die Weichen schienen überraschend früh gestellt für seinen künftigen Weg als Autor. Doch dann war es ausgerechnet jene Katastrophe, die verhinderte, dass es dazu kam: Sein älterer Bruder fiel ihr zum Opfer.

Von diesem Tag an war er der Älteste in der Geschwisterfolge, auf dem die Erwartungen der nunmehr kinderreichen Familie lasteten. Nun sollte er die Nummer eins werden – und, zu mancher Leute Erstaunen, schien er es plötzlich eilig damit zu haben. Dass ihm auf seinem Weg ein zweiter Bestseller gelang, der sogar mit einem hohen literarischen Preis bedacht wurde, weil das Thema erneut exakt einen wunden Punkt der Zeit berührte – das blieb letztlich eine Marginalie in seiner Biografie.

Kritische Leute behaupteten, er habe das Buch ohnehin nur mithilfe von Ghostwritern verfasst. Wie auch immer, weltberühmt wurde er auf gänzlich anderem beruflichen Parkett. Das wird freilich jetzt nicht mehr verraten – denn dies hier ist ein etwas anderes »Porträt des Künstlers als junger Mann«. Wer war's?

FD

→ Lösung auf S. 164

»Einen wie ihn werden wir nie mehr sehen«

Ausgerechnet sein hartnäckigster Gegner zollte ihm das höchste Lob: Er sei ein ungewöhnliches Genie gewesen, das den Gang der Geschichte hätte ändern können. Und eine Zeitung rühmte ihn als wirklich großen Mann aus sich selbst heraus.

Als er geboren wurde, herrschte gegen sein Volk ein unerklärter Krieg der Gewehre, trügerischen Versprechungen und oktroyierten Verträge. Am Beispiel seines Vaters erlebte er, wie wenig Zusagen wert waren: Er wurde auf seinem eigenen Land erschossen. Trotz dieser bitteren Erfahrung stellte er sich nur widerwillig dem Kampf. Beim ersten Scharmützel verlor er die Nerven und floh. Später verlegte sich der stattliche und gut aussehende junge Anführer auf eine Taktik der Nadelstiche, erwarb sich sogar den Respekt seiner Gegner, weil er Grausamkeiten unterband, ja, seinen eigenen Leuten Unmenschlichkeit vorhielt, wenn sie wie üblich mit ihren Gefangenen verfahren wollten. Aber die kleinen Siege täuschten ihn nicht darüber hinweg, dass er und seine Männer die Vertreibung nicht aufhalten, nur verzögern konnten.

Ein romantisches Intermezzo ließ ihn fast die Seiten wechseln. Durch seine Schwester lernte er ein hübsches und gebildetes Mädchen aus dem Lager seiner Feinde kennen. Sie las ihm Shakespeare und die Bibel vor, erzählte ihm von Alexander dem Großen und sprach mit ihm über humanistische Werte. Als er um ihre Hand anhielt, willigte sie ein, allerdings unter der Bedingung, dass er ihren Lebensstil annehmen müsse. Er erbat sich einen Monat Bedenkzeit, kehrte danach zurück, sagte ihr Lebewohl und die beiden sahen sich niemals wieder.

Um seine große Idee zu verwirklichen, nutzte er geschickt das Ansehen seines Bruders, des ekstatischen Propheten einer kulturellen Rückbesinnung. Selbstachtung, Würde und Einigkeit sollten die Grundwerte einer umfassenden Allianz sein. Er schmiedete ein erstes Verteidigungsbündnis, unternahm dennoch einen weiteren Versuch, Frieden zu stiften. Seinem Kontrahenten hielt er vor, niemand habe das Recht, Land zu veräußern, das allen gehöre; genauso gut könne man ja auch die Luft, die Wolken und das große Meer verkaufen. Nach dem Scheitern warb er auf weiten Reisen stimmgewaltig, eloquent und oft vergeblich für nationales Bewusstsein und gemeinsames Handeln. Im Krieg zweier Mächte sah er seine Chance: Mit einem stattlichen Aufgebot schloss er sich der Partei an, die ihm eher Garant für seine Ziele zu sein schien.

Einige spektakuläre Erfolge und die Eroberung einer Stadt nährten seine Hoffnungen auf Freiheit und Selbstbestimmung. Zwar konnte er ein Massaker an Gefangenen nicht verhindern, als der unfähige Oberbefehlshaber der Koalition nicht einzugreifen wagte, beschimpfte er ihn aber als Feigling und riet ihm, Frauenröcke zu tragen. Im entscheidenden Gefecht erlebte er, wie die Verbündeten in Panik flohen, seine Männer hingegen hielten stand. »Er brüllte wie ein Tiger und trieb seine Tapferen zum Angriff«, berichtete einer seiner Gegner. Andere sahen ihn aus vielen Wunden bluten, aber immer noch kämpfen, dann hörten sie plötzlich seine Stimme nicht mehr. In der Nacht wurde sein Leichnam heimlich beerdigt, niemand weiß, wo. Wer war's?

WM

→ **Lösung auf S. 164**

Die treuesten Fans der Welt

Er ist ein Phänomen, und seine Fans sind es auch, vermutlich die treuesten überhaupt – etwa Blocky, mein früherer Lieblingsnachbar in Berlin: Der präsentiert das nahezu komplette Œuvre im stabilen Hochregal. Und es stört ihn gar nicht, wenn manches Werk fünf- oder zehnfach da steht. Von ihm kann man halt nie genug bekommen, da sind Blocky & Co. sich einig und horten sämtliche Spuren des Meisters. Der liefert seinen Fans aber nicht nur zuverlässig Trockenfutter, sondern gibt sich Mühe, das globale Auditorium zwischendurch leibhaftig zu beehren. Dabei pilgert er recht gern durch die Provinz; mag sein, das erinnert ihn an seine Kindheit. Doch wohin auch immer es ihn zieht – die Gemeinde pilgert freudig mit.

So ist und bleibt er, in Würde ergraut, eine der ungewöhnlichsten Erscheinungen, die das Business hervorgebracht hat. Und eine der haltbarsten, seine Anfänge liegen ein halbes Jahrhundert zurück. Damals pendelte er noch unentschieden zwischen mehreren Talenten, liebäugelte angeblich gar mit der Militärakademie, dann mit den Wissenschaften, auch die Malerei lag ihm. Schließlich landete er in New York und benannte sein Ziel: »Ich wollte so sein wie die, deren Augen sagten: Ich weiß etwas, was du nicht weißt.«

Zwei, drei Geniestreiche später hatte er, der »die Worte aus der Luft fischt« (O-Ton), es geschafft: Er war ein Star – mit knapp 25. Doch solch ein Aufstieg kann böse enden, ein Schicksal, das manche seiner Zeitgenossen parallel ereilte. Er hingegen wurde Familienvater auf dem Land. Blieb einfach verschwunden, zum Unmut der Fans. Ein extrem Hartnäckiger soll sogar seinen Hausmüll durchsucht haben, um zu erfahren, ob das Idol überhaupt noch lebt.

Als er wieder auftauchte, hatte sich die Welt ziemlich verändert und er sich auch. Von nun an gefiel es ihm, allerlei

Rollen zu testen, mal Clown, mal Poet, mal Prophet – als wüsste er selber nie genau, wohin die Reise gehen soll. So war er irgendwie da und irgendwie auch nicht, erfand sich neu, erfand sich anders. Und dann, eines Tages, klappte endlich das Comeback. Fast ein kleines Wunder – zwei Jahre zuvor wäre er fast invalid geworden, als er sich bei einem Unfall eine Hand zerfetzte. »Ich war ein ausgebranntes Wrack«, bekannte er im Rückblick. Doch nun war er auferstanden, die Hände, den Kopf, die tänzelnden Beine im Einsatz.

Vor gut drei Jahren hat er übrigens kundgetan, dass er Weihnachten mag. Nachbar Blocky kramt das entsprechende Werk am nächsten Heiligabend sicher wieder raus. Der Meister selbst wird das vielleicht auch tun, wenn er mit fünf Kindern aus zwei Ehen und allen Enkeln an Weihnachten in Frieden zusammensitzt und die Bibel liest. »Eigentlich haben sich die Zeiten seit Moses nicht geändert. Die Gefühle ändern sich nicht«, sagte er mal. Na denn: Frohes Fest! Wo das Familientreffen stattfindet, weiß freilich keiner – den aktuellen Wohnort hält er streng geheim. Wer ist's?

FD

→ Lösung auf S. 165

Am Anfang war kluge Bescheidenheit

Nur wenige Steine sind von der engen und übel riechenden Gasse geblieben, in der er geboren wurde. Dieser erbärmliche Ort ohne Sonnenlicht und grüne Bäume beflügelte ganz sicher nicht die Karriere des blassen und schmalen Jungen. Von klein auf half er seinem Vater bei dessen Geschäften und entdeckte so seine Liebe zu wertvollen Münzen und prächtigen Medaillen. Nach dem frühen Tod der Eltern verließ er seine despotisch regierte Heimat und begann eine Lehre in einer liberaleren Residenzstadt. Er las jedes Werk über Numismatik und Geschichte, dessen er habhaft werden konnte, und erwarb von seinem kargen Lohn den ersten jemals publizierten wissenschaftlichen Münzkatalog.

Ein leidenschaftlicher Sammler machte das Glück des jungen Mannes: Er stiftete die Verbindung zu einem Herrn von Stand, der sein Geld in einer Münzsammlung anlegen wollte. Der reiche Kunde, misstrauisch und sparsam, aber ein Fuchs in Finanzdingen, schätzte den Sachverstand seines Lieferanten. Im Umgang mit diesem schwierigen Partner entwickelte der Aufsteiger Geschäftsprinzipien, mit denen er seine Konkurrenten aus dem Feld schlug: Sichere dir das Vertrauen der Kunden, biete bessere Konditionen als die anderen, verzichte auf schnellen und hohen Gewinn, setze vielmehr auf lang andauernde Beziehungen mit gegenseitigem Nutzen.

Auf langen und beschwerlichen Reisen baute er seinen Kundenstamm auf; ein sorgfältig und kundig zusammengestellter Angebotskatalog brachte das Versandgeschäft in Schwung. Unterstützt von seiner Frau und den heranwachsenden Söhnen, handelte er mit englischen Tuchen, Kaffee, Zucker und Hasenfellen, dazu kreditierte er Kaufleute und »Cavaliers«.

Rastlos mehrte er das Vermögen seines Gönners, der unmoralisch erworbenes Geld geerbt hatte und gewinnbringend anlegen wollte. Auch für ihn fiel einiges ab, genau bezifferbar war sein stetig wachsendes Vermögen allerdings nicht, denn bei den freiwilligen Steuereinschätzungen gab er nur an, was zweckmäßig schien, um Untersuchungen der Finanzbeamten abzuwenden. Auch trug er seinen Reichtum nicht zur Schau. Je wohlhabender er wurde, desto bescheidener kleidete er sich. Dafür bedachte der verschämte Reiche die Armen: Wo immer er Bedürftige traf, drückte er ihnen ein Geldstück in die Hand und lief dann schnell weiter. Der finsteren Gasse, in der er aufgewachsen war, blieb er treu. Er baute zwar ein neues Geschäftshaus, wohnte aber weiter in einem engen, unbequemen Fachwerkbau.

Als Revolution, Krieg und Besetzung die politischen Verhältnisse durcheinanderwirbelten, hielt er gegen jedes opportunistische Kalkül loyal dem Mann die Treue, dem er sein Vermögen verdankte. Er versteckte angeblich eine große Geldsumme und Wertpapiere des ins Exil Geflüchteten in seinem Geheimkeller unter Weinfässern, legte die Einkünfte an und erstattete in ruhigerer Zeit alles zurück – mit Zins und Zinseszins. Seine Söhne ließen diese werbewirksame Legende in Genrebildern verewigen.

Gegen Ende seines Lebens zog er sich immer mehr aus den Geschäften zurück und ordnete sein ansehnliches Unternehmen in einem Vertrag, der alle wichtigen Positionen und die Führung der Geschäfte der Familie vorbehielt. Er starb »satt an Leben, Reichtum und Ehre«. Wer war's?

WM

→ Lösung auf S. 165

Darsteller für alle Charaktere

Hier Freund, dort Feind, so war sein Weltbild. Letztere verabscheuten ihn und taten das auch kund. Die Freunde und jene vielen, die sich Freunde nannten, bewunderten ihn für sein markantes Wesen, und beiden Seiten gleichermaßen imponierte sein Temperament. Schonkost war halt nicht sein Ding, schließlich stammte er aus einem Metzgerhaushalt, wohl kein Ort für sensible Gemüter. Aber vielleicht – siehe Stefan Raab – ein Ort für Showtalente?

Denn das war er, »ein ausgezeichneter Darsteller für alle Charaktere, Othello und Jago in einem«, wie es im Nachruf eines Zeitgenossen hieß. Und noch: »Er kannte sich mit der Beleuchtung gut aus, wusste, wo man im Licht stand, wo nicht … und wo das Zwielicht die Wirkung der Szene mehrte.« Schon als Schüler trieb ihn der Ehrgeiz. Sein Abitur krönte er mit Note 1,1, gewann einen Meistertitel im Radsport, begann zu studieren: Sprachen und Geschichte, Archäologie und Volkswirtschaft. Auf die Frage, welche Person er in früheren Zeiten gern gewesen wäre, antwortete er offen: »Deutscher Reichskanzler im Jahr 1932.« Das implizierte, dass die Historie mit ihm völlig anders verlaufen wäre, vermutlich war er selber ernsthaft überzeugt davon.

Bei all dem war ihm aber – weiteres Zitat des Nachrufers – »eine Blaskapelle lieber als die Salome«. Vielleicht sein heimliches Erfolgsrezept: dass er Bildung besaß und dennoch den Eindruck erwecken konnte, er sei im Grunde schlicht gestrickt. »Eine Doppelnatur, die sich mit den Herrschenden verbindet und gleichzeitig mit den Beherrschten rebellieren kann«, brachte es ein Gegner auf den Punkt. Und je älter er wurde, desto gewitzter kokettierte er mit seinem Image: »Viele Leute sind verärgert, weil die mich in einer Ecke festnageln wollten und auf einmal festgestellt haben, dass ich schon längst nicht mehr in der Ecke stehe«, frohlockte er etwa nach einem legendären Überraschungs-coup: Er hatte dem bis dato ärgsten Feind eine Stange Geld beschafft.

Mit Freundschaft hatte das nichts zu tun, eher mit Strategie und Spieltrieb, das Wichtigste aber war: Die Rechnung ging mal wieder auf. Viel Feind, viel Ehr, viel Mauschelei – das schien überhaupt sein lukratives Lebensmotto. So gab es Licht und Schatten, doch eines nie: Langeweile. Sobald er Morgenluft witterte, startete er zum nächsten Höhenflug. Geriet in Turbulenzen, stürzte ab, rappelte sich auf. Und weiter ging's.

Nur einmal hat er sich mächtig verschätzt und seine Kumpel mit ihm. Als das Luftschloss zerplatzt war, wurde es stiller im Land. Schon meinte man, das sei's gewesen, da meldete er sich zurück. Vor aller Welt verwandelte er das berühmte Wortspiel vom Überflieger, das ihn von Beginn an begleitet hatte, in ein bleibendes Bild, real und doch leicht irreal. Ein gutes Jahr später aber fand die Neuinszenierung ihr abruptes Ende. Und falls Ihnen das jetzt fast ein wenig spanisch vorkommt, sind Sie auf der richtigen Fährte. Wer war's?

FD

→ **Lösung auf S. 165**

Der neugierige Pilger

»Wie der Vogel sein Nest« verließ der 21-jährige Rechts-kundige seine Heimatstadt am Meer und machte sich mit »leidenschaftlichem Verlangen« auf den Weg zu den »hehren Heiligtümern«. Die Pilgerfahrt weitete sich zur Lebensrei-se, die Gründe dafür verriet er uns jedoch nicht. Erst nach 24 Jahren kehrte er zurück, ließ seine Erlebnisse aufzeich-nen und brach dann noch einmal in Neuland auf. Insgesamt fast dreißig Jahre zog er durch Länder und Kontinente, über 120 000 Kilometer legte er nach den Berechnungen eifriger Forscher zurück.

Auf dieser langen Reise war er Pilger, Abenteurer, Rich-ter, Alltagsbeobachter und Diplomat; er war schiffbrüchig, wurde gefangen genommen und ausgeplündert, reich be-schenkt und hoch geehrt, dann wieder in Unehren entlas-sen. Er heiratete mehr als zweimal und zeugte Kinder, um die er sich freilich wenig kümmerte. Von den Wechselfäl-len seines unsteten Lebens berichtete er mit bemerkens-wertem Gleichmut, aus seinem Werk sprechen nüchterner Geist und genaue Beobachtung. Seine Aufmerksamkeit galt ebenso schmackhaften tropischen Früchten wie der außer-ordentlichen Größe der Hühner in einem fernen Land, er beschäftigte sich mit der Genealogie von Herrscherhäusern, verzeichnete Intrigen und Cliquenwirtschaft, ließ sich über Begräbniszeremonien genauso detailliert aus wie über die Konservierung von Lebensmitteln. Unbeteiligt schilderte er Gräueltaten und schändliche Morde, vergaß jedoch nicht zu erwähnen, dass an Feiertagen weder geköpft noch gemartert werden durfte. War er als Richter tätig, verhängte er selbst für kleine Vergehen harte Strafen.

Seine große diplomatische Mission im Auftrag eines Des-poten begann mit einem Desaster: Rebellen nahmen ihn ge-fangen, raubten ihm auch noch das letzte Hemd, bedrohten ihn mit dem Tod, ließen ihn jedoch wunderbarerweise wieder frei. Ein afrikanischer Glaubensgenosse fand den Entkräfteten und trug ihn auf seinen Schultern durch den Urwald bis in ein rettendes Dorf. Auf der Weiterreise beeindruckten ihn Wundergeschichten über Asketen, er traf auf eine in dieser Weltgegend nicht vermutete jüdische Stadt und staunte über die sexuellen Kraftakte der Bewohner einer Insel. Dort lebte er fast zwei Jahre, dank eines Potenzmittels war er mit mehr als seinen vier rechtmäßigen Frauen glücklich, scheiterte aber als Richter mit dem Versuch, eine weniger offenherzige Kleidung für Frauen durchzusetzen. Erzwungene Umwege, neugierige Erkundungen und Schiffbrüche ließen ihn nur langsam dem Ziel seiner Mission näher kommen. Das fremdartige Reich, das er schließlich betrat, faszinierte ihn und stieß ihn zugleich ab. Doch bewunderte er, dass die Konterfeis wichtiger Reisender noch am Tag ihrer Ankunft in einer Stadt verbreitet wurden und überall Steckbriefe von Verbrechern aushingen; überhaupt imponierte ihm das staatliche Sicherheitssystem wie der Anmeldezwang in Herbergen, deren Türen nachts verriegelt wurden.

Auf der Rückreise fiel der Legendenfeind, der Wunderglauben als »dummes Geschwätz« abtat, auf ein meteorologisches Phänomen herein: Er sah einen »fliegenden Berg«, den die erschreckten Seeleute als märchenhaften Riesenvogel deuteten.

Nach 22 Jahren der Ruhe starb er in seiner Heimat, hoch geehrt, wie wir vermuten können. Wer war's?

WM

→ **Lösung auf S. 166**

Das Erbe

Wer von ihr erzählt, muss zuerst von ihrer Familie erzählen. Denn hier, in der unbeschwerten Kindheit, bekam sie jene Werte vermittelt, nach denen sie ihr ganzes Leben ausrichtete. Das war die Basis von allem, der standhafte Kern in ihr: die Kindheit und Jugend in einem liebevollen Elternhaus. Der weltoffene Vater, ein Bürgermeister; die christlich geprägte Mutter, eine Krankenschwester, und ihre Geschwister. Zwei Brüder, zwei Schwestern.

Vor allem zur jüngsten Schwester gab es ein inniges Band, woran sie sich später gern erinnerte: »Ich selber hatte mir eingebildet, es als Malerin zu etwas zu bringen, aber mit 15 Jahren hörte meine künstlerische Laufbahn schlagartig auf. Fortan betätigte ich mich als Mäzen für meine Schwester. Ich kaufte Bücher, Farben und andere Malutensilien, und manchmal stellte ich sie vom Abwaschen und Abtrocknen frei, damit sie Zeit zum Malen hatte. Auf eine bestimmte Art war sie mein Schützling und das kleine Genie, das ich zu fördern hatte.« Zu dieser Zeit glaubte sie, dass die Jüngere Kunst studieren würde. Doch dann wandte sich ihr Schützling den Naturwissenschaften zu, den geistigen und gesellschaftlichen Fragen und – im praktisch-sozialen – eine Zeit lang der Kindererziehung. Und dann waren von heute auf morgen alle Pläne zunichte gemacht.

Sie, die älteste der fünf Geschwister, erlebte damals die wohl schwerste Zeit ihres Lebens. Und entwickelte dabei eine erstaunliche, fast übermenschlich scheinende Kraft. Wie lebt jemand weiter, dem fast alles genommen wird? Sie schaffte es, weil es einen Antrieb gab, der stärker war als ihr Schmerz – es war ihr Hoffen darauf, eines Tages ein anderes Leben führen zu können.

Noch zwei Jahre musste sie durchhalten – dann endlich war es soweit. Den Leuten nicht nur materielle, sondern auch geistige Nahrung zu geben, war von nun an ihr öffentliches Ziel. Nebenher gründete sie mit einem Gefährten der frühen Jahre eine eigene Familie. Das gemeinsam Erlebte schweißte das Paar zusammen, und die schönen Dinge von damals prägten erneut ihr Leben: Farben, Malutensilien, Bücher, denn das war die Welt ihres Mannes.

Und wieder gab es auch fünf Geschwisterkinder – Kreislauf des Lebens. Eines ihrer Kinder war behindert zur Welt gekommen; es bestmöglich zu fördern, wurde ihr zu einem weiteren wichtigen Anliegen. Man muss sich engagieren, dem Leben einen Sinn geben – das war und blieb ihr Credo. Denn nur darin liege die Chance zum Aufbruch, zur positiven Veränderung.

Viele Menschen bewunderten sie, doch ihr selbst schien alles selbstverständlich zu sein. Was sie einmal über ihre Schwester sagte, trifft ebenso auf sie selber zu: »Vielleicht liegt darin das wirkliche Heldentum, beharrlich gerade das Alltägliche, Kleine und Naheliegende zu verteidigen, nachdem allzu viel von großen Dingen geredet worden ist.« Wer war's?

FD

→ **Lösung auf S. 166**

»Niemand ist ihm unähnlicher als er selbst«

Dieses Paradox, das er einem ungewöhnlichen Dialog voranstellte, könnte er auf sich selbst gemünzt haben. Denn spielerisch ernste Selbstreflexion und melancholische Einsicht in seinen zerrissenen und unzeitgemäßen Charakter begleiteten den Lebensweg des massigen Mannes mit dem widerspenstigen Haarschopf über der hohen Stirn. Er empfand sich als Fremder in der Welt, als jemand, der ein Leben nachahmte, das nicht das seine war, und sich anderen anpasste wie ein Hund, der auf zwei Beinen zu gehen gelernt hatte. In dieser Welt kämpfte er gegen eine verhärtete Gesellschaft, gegen dogmatisches Denken und vorschnelle Gewissheiten. Er arbeitete wie ein Berserker, verausgabte sich für seine Freunde und mischte sich in den philosophischen Diskurs genauso ein wie in die Ehe seiner vergötterten Tochter.

Ungestümen Eigensinn zeigte er bereits in seiner Jugend. Der bildungshungrige, aber auch zu Prügeleien aufgelegte Sohn eines wohlhabenden Messerschmieds verschrieb sich zuerst der Religion; er fastete und diente ihr fromm, bis ihn innere Unruhe aus dem geistlichen Stand und in die Metropole trieb. Dort war er nur einer unter vielen begabten jungen Männern, die in diskussionswütigen Zirkeln verkehrten und sich mit Gelegenheitsarbeiten über Wasser hielten. Schon damals fiel er durch seine handgreifliche Art des Redens auf: Er packte seine Gesprächspartner am Revers, klopfte ihnen auf die Schenkel, um seine Ideen zu bekräftigen, schlug krachend auf den Tisch, lachte unbändig und tanzte von Argument zu Abschweifung und von Abschweifung zu Argument.

Erste Aufmerksamkeit verdankte er weniger seinen literarischen und essayistischen Versuchen als vielmehr einer Gefängnisstrafe wegen Gottesleugnung. Auf die Haft reagierte er mit einer Panikattacke. In einem kniefälligen Brief bagatellisierte er seine Schriften und beschwor das nationale Interesse an seinem gerade erst konzipierten Projekt. Nach seiner Entlassung navigierte er vorsichtig in den vorhandenen Freiräumen und publizierte bis in seine späten Jahre nichts Anstößiges mehr.

Zwanzig Jahre seines Lebens und seine Gesundheit dazu opferte er einem epochalen Werk, das ihn berühmt und seine Verleger reich machte. Neben dieser Sklavenarbeit nahm er sich noch Zeit für seine Familie und verausgabte sich in intensiv gepflegten Freundschaften. Seine Briefe an einen weltläufigen politisch-literarischen Korrespondenten und eine kluge, sensible Frau – beiden war er in tiefer Zuneigung verbunden – sind Meisterwerke intimer Konversation. Überaus unterhaltsam ließ er die Adressaten an der Fülle seines Lebens und seiner Ideen teilhaben. Hier wie in seinen Essays brillierte er als vorurteilsfreier und ungebändigter Denker, der mit Einfällen, Exkursen und sinnlicher Erkenntnis tote Systematik unterlief. Mit seinen beiden späten Romanen setzte er auf eine Nachwelt, die sein Spiel mit der Allmacht des Autors, mit Fiktion und Realität verstehen würde.

In einer Phase der Erschöpfung folgte er dem Ruf einer fernen Gönnerin und unternahm trotz Magengeschwüren und Gicht die anstrengende Reise. Ernüchtert und mit der Erkenntnis, dass seine Ideen und Vorschläge bei ihr nichts bewirken würden, kehrte er zurück. Die Ironie, deren Meister er war, wollte es, dass ausgerechnet diese Autokratin ihm die letzten Monate seines Lebens erleichterte. Hatte er bisher in einer Dachkammer gehaust, bezog er nun, krank und in Schweigen versunken, eine luxuriöse Wohnung. Am Abend vor seinem Tod verabschiedete er seine Freunde mit dem Wort: »Der erste Schritt zur Philosophie ist die Ungläubigkeit.« Am Mittag des folgenden Tages saß er am Tisch, aß Kirschkompott, hustete ein wenig und war tot. Wer war's?

WM

→ **Lösung auf S. 166**

Zeitweilig verschwunden

Eines Tages verschwand er aus dem Rampenlicht, einfach so, ohne ein Wort des Abschieds. Niemand schien zu wissen, wo er steckte, geschweige denn, ob er vorhatte wiederaufzutauchen. Und natürlich schürt so etwas die Gerüchteküche. Einem Kollegen im weitesten Sinne – Kennzeichen große Klappe – ließ das keine Ruhe. Er stand eines Tages unangemeldet vor seiner Haustür. Doch der Maestro war not amused, fertigte den Eindringling ab und ließ ihn frustriert wieder abziehen. Später hat er erzählt, dass er eigentlich nur pausieren wollte.

Sechs Monate vielleicht – doch dann wurden es sechs Jahre. In dieser Zeit verschanzte er sich bei klassischer Musik in seinem abgedunkelten Haus. Nur in den Nächten verließ er es und trabte wie ein einsamer Wolf durch die Gegend: »Ich konnte niemanden mehr ertragen.« Heute würde man sagen, er litt unter einem Burnout. Damals glaubte man, er sei sterbenskrank, vielleicht den Drogen verfallen wie schon einmal zuvor, und werde nie wieder der große Künstler sein, der er gewesen war.

Aber er kam noch einmal zurück und war so überwältigt von der Resonanz, dass er auftaute: »Mann, die Leute heulten, als sie mich sahen.« Hatte er früher dem Publikum auf der Bühne den Rücken zugekehrt, begrüßte er es jetzt lächelnd und winkte zum Abschied. Zu seinen Kollegen sagte er: »Spielt das, was ihr draufhabt. Aber dann geht darüber hinaus.« Direkt vor der Bühne saß ein Schwarzer im Rollstuhl, der berührte ihn besonders: »Ich spielte den Blues nur für ihn. Denn er wusste, was Blues bedeutet.«

Er wusste es auch. Armut? Nein, die blieb ihm erspart. Der Vater war Zahnarzt, die Mutter Organistin, elegant und schön. Und er blitzgescheit und begabt, was sich schnell herumsprach. Mit erst 20 Jahren verdiente er bereits so gut, dass er sich Maßanzüge schneidern ließ: »Wenn ich abends mein Hotelzimmer verließ, sah ich scharf aus wie eine Rasierklinge.« Allzu gern kurvte er in den teuersten Autos umher, mindestens zwei davon fuhr er zu Schrott.

Doch um Geld ging es nicht, sondern um etwas Unbezahlbares: menschliche Würde. In dem Land, in dem er lebte, in dem Millionen sein Talent verehrten und bewunderten – in demselben Land sahen andere auf ihn herab, beschimpften ihn, verwehrten ihm den Zutritt zu Restaurants. Er litt darunter und wurde niemals müde, die Ungerechtigkeit anzuprangern: »... hier spielen die Schwarzen jeden Tag irgendwelche Rollen, damit sie durchkommen ... es ist genau wie in Südafrika, nur etwas gepflegter.« Wie zum Trotz schlüpfte er in bunte ungewöhnliche Klamotten – keiner sollte ihn mehr übersehen.

Überhören konnte man ihn ohnehin nicht, sein Sound war und bleibt unverwechselbar. In den Nachrufen hieß es, er habe den Kopf voller Melodien gehabt. Und »die Fähigkeit, mit einer Hand voll Tönen, aus dem Nichts heraus, ein sehnsüchtiges Leuchten zu schaffen«. Schöner lässt sich das nicht sagen. Wer war's?

FD

→ Lösung auf S. 166

»Ein großer Fürst, offen und freundlich«

Die Fremden, die an den Grenzen seines Reichs erschienen waren, überschüttete er zu ihrem Erstaunen mit Geschenken. Als sie ihn näher kennengelernt hatten, rühmten sie seine Freigebigkeit, seine eindrucksvolle Redegabe, seine tiefsinnigen Gedanken und sein ansteckendes Lachen.

Der schlanke Mann mit den feinen Gesichtszügen hatte die Königswürde nur widerwillig angenommen. Aus Sorge um die fragile Weltordnung hatte er Wahrsager, Himmels- und Traumdeuter um sich geschart, die Zeichen und Symbole auszulegen wussten, damit er sich und das Reich auf Gefahren vorbereiten konnte. Zugleich musste der ehemalige Oberpriester und in allen Auslegungskünsten erfahrene Astrologe durch Askese und Opfer den Zorn der missgünstigen und gefräßigen Götter besänftigen. Blieben sie ohne Nahrung, dann fielen sie mit Erdbeben, Regenfluten, Gewitterstürmen oder Sommerdürren über das Land und die Menschen her.

Die allgegenwärtige existenzielle Unsicherheit, in der man sich nicht einmal auf die Wiederkehr der Sonne am Ende der Nacht verlassen konnte, prägte auch seinen Regierungsstil: Furcht war für ihn das beste Herrschaftsmittel. Sein Volk hielt er sich mit einem von ihm eingeführten strengen Hofzeremoniell vom Leib. Selbst bei seinen Mahlzeiten wahrte er Distanz; er aß allein hinter einem Wandschirm, nur einige alte Würdenträger, denen er Happen aus der Überfülle von Geflügel- und Wildgerichten reichte, duldete er in seiner Nähe.

Noch bevor die ersten Nachrichten von den Fremden eintrafen, hatte er ihre Ankunft in den Augen eines aschgrauen Vogels zu sehen vermeint. Für ihn spielten die Ankömmlinge die Hauptrolle in einem schon vor Zeiten geweissagten mythologischen Drama, in dem die Schuld seiner Vorfahren

gesühnt werden sollte. Dann waren sie genau am vorher-
bestimmten Tag im errechneten Jahr erschienen.

Um das Unheil abzuwenden, klammerte er sich an eine
vage Hoffnung: Vielleicht gelang es ihm, die Fremden mit
Geschenken und guten Worten zu bewegen, das Land wieder
zu verlassen. Er schickte ihnen reiche Gaben, sandte aber
auch Zauberer, die sie von der Hauptstadt fernhalten sollten.
Kriegerische Mittel wagte er nicht einzusetzen, sie hätten
die Katastrophe unabwendbar gemacht. Als die Fremden
in seine Stadt einzogen, hieß er sie mit einer poetischen
Rede willkommen, in der Angst, Verehrung und demütige
Unterwerfung mitschwangen. Diese ahnten nichts von dem
Schrecken, in den sie ihn versetzt hatten. Er fürchtete zutiefst eine Katastrophe. All seine Zugeständnisse und Bitten
reichten bald nicht mehr aus, die Eindringlinge setzten ihn
gefangen, sie nahmen ihm seine Selbstständigkeit und damit Rang und Würde. Ahnungsvoll fragte er: »Was wird mein
Volk dazu sagen?«

Noch einmal versuchte der Entmachtete, das Verhängnis
abzuwenden, er beschwor die Fremden eindringlich und
unter Tränen, die Stadt zu verlassen und damit rebellieren-
de Priester aufzuhalten. Vergeblich. Der zweite Versuch des
Verzweifelten, im mittlerweile offenen Aufruhr einen Waffenstillstand auszuhandeln, endete im Steinhagel. Schwer
verwundet, lehnte er jegliche Behandlung ab. Nach wenigen
Tagen starb er in Würde, und die Eindringlinge weinten um
ihn. Wer war's?

WM

→ Lösung auf S. 167

Früher gab es einen schönen Ausdruck für einen wie ihn: Hansdampf in allen Gassen. Er ist eben schwer umtriebig, den meisten Berufskollegen bleibt da nur das Hinterhersehen (auch das ergibt ein treffendes Bild). Und deshalb kann man ihm oder zumindest seinem Konterfei auf irgendeiner Plakatwand nie für längere Zeit entkommen. Teilweise spult er ein Projekt nach dem anderen ab, getrieben von einem inneren Motor, der ihm vielleicht selber unheimlich ist – diese schier unstillbare Neugier auf das Leben und auf spannende Begegnungen: »Ich bin wie ein Schwamm, ein Löschblatt, das alles aufsaugt.«

Die Abgründe des Lebens sind ihm vermutlich so vertraut wie dessen Höhen, das sieht man ihm schon an der Nasenspitze an, schließlich geht man nicht umsonst jahrzehntelang freiwillig zum Seelendoktor. Dabei ist er längst in einem Alter, in dem er es etwas ruhiger angehen lassen könnte, auch Geld ist ja genug vorhanden. Allein seine diversen Geschäfte, die er in Stadt und Land betreibt, würden ihn mühelos ernähren. Aber Besitz interessiert ihn nach eigenem Bekunden nicht: »Ich habe nicht einmal einen Schrank … Ich reise ohne Gepäck. Eine Hose und meine Bücher, mehr brauche ich nicht.« Die Bücher seien sein Zuhause, auch, wenn er unterwegs ist: »Balzac habe ich in New York gelesen, Baudelaire in der Wüste.«

Der Hunger nach Sprache, Wörtern, Kommunikation, er treibt ihn um von jeher. Sein Vater, ein Blechschmied, konnte weder richtig lesen noch schreiben, erfuhr man aus seiner Autobiografie. Und da in der Großfamilie – er war das dritte von sechs Kindern – kaum miteinander geredet wurde, hatte er Hemmungen zu sprechen und stotterte.

Früh verließ er die Schule, eine Druckerlehre brach er gleich wieder ab. Trampte durch die Gegend, kellnerte am

Strand und entdeckte den Rock 'n' Roll. Als er versucht, ein Auto zu klauen, landet er im Knast und kommt nur auf Bewährung wieder raus. Doch dann, er ist gerade 17, passiert das Wunder: Er entdeckt die Dichtkunst und die Welt der Kultur. Und auf einmal weiß er: Da gehöre ich hin. Auf Mozart schwört er bis heute, als geniale Musik und – aus eigener Erfahrung – als Heilmittel gegen das Stottern.

In seinem Heimatland wird er bewundert und geliebt. Für sein Wirken und dafür, dass er keinerlei Berührungsängste hat, stets den Draht zu den sogenannten kleinen Leuten hält. »Wer seine Herkunft nicht vergisst, kann vielleicht ein Arschloch werden, aber kein Snob.« Er treffe oft Menschen, die glauben, ihn persönlich zu kennen, erzählt er. Dann gibt er gern den Star zum Anfassen, Herr Jedermann von nebenan. Möchte alles mit allen teilen, das Essen, den Wein. Überhaupt trinkt er gern mal ein Glas. Und wenn man ihm dann zufällig in einem geschlossenen Raum begegnet, heißt es schon mal aufpassen, dass man keine nassen Füße bekommt. Wer ist's?

FD

→ Lösung auf S. 167

Ein Krater auf der Venus trägt ihren Namen

»Bin ich schon nicht mehr da, wird man sagen, das ist seine Tochter«, soll der Vater der gerade Dreijährigen auf ihren Lebensweg mitgegeben haben, kurz bevor er starb. Diese Hoffnung hat sie erfüllt, der Vater wäre von ihrem Talent und ihrer Tatkraft wohl entzückt gewesen. Nach seinem Tod litt das nachdenkliche Mädchen unter den Erbstreitigkeiten und beschäftigte sich zurückgezogen mit allerlei künstlerischen Arbeiten. Schon mit acht Jahren legte sie beachtliche Proben ihres Könnens ab. Der Legende nach hatte die Kleine heimlich eine Werkstatt auf dem Dachboden eingerichtet, um sich dort in ihrer Kunst zu üben.

Ihrer großen Leidenschaft begegnete sie mit 13 Jahren: missachteten kleinen Wesen, die man für Erzeugungen faulenden Schlammes hielt und feierlich exkommunizierte, wenn sie zur Landplage wurden. Zum Entsetzen der Mutter unterhielt sie in Dosen und Schächtelchen eine seltsame Menagerie, beobachtete deren Metamorphosen und führte Buch über alle Lebensäußerungen. Die junge Künstlerin war zur Forscherin geworden.

Eine Vernunftehe im Stil der Zeit sollte ihr Freiheit und sozialen Rückhalt verschaffen, allerdings vernachlässigte ihr Mann seine Arbeit und vergnügte sich lieber in lockerer Gesellschaft. Sie folgte ihm trotzdem in seine Heimatstadt, gründete dort, gerade 22 Jahre alt und seit Kurzem Mutter, eine erfolgreiche Malschule für höhere Töchter und betrieb nebenbei einen Farbenhandel. Ihr erstes großes Werk war eine glückliche Verbindung von wissenschaftlicher Beobachtung und künstlerischer Gestaltung – ihres Vaters würdig. Als die Fortsetzung erschien, war sie nach 14 Ehejahren von ihrem Mann getrennt und lebte mit ihren beiden Töchtern wieder in ihrer Heimatstadt. Dann schloss sie sich mit ihren beiden Töchtern und ihrer Mutter einer pietistischen Glaubensgemeinschaft an, in der Frauen und Männer gleichberechtigt zusammenlebten.

In der nahen Handelsstadt bestaunte sie Sammlungen, die in ihr den Plan reifen ließen, in das ferne Land zu reisen, aus dem die prächtigen Ausstellungsstücke stammten. Begleitet von einer ihrer Töchter, unternahm sie wagemutige Exkursionen, beobachtete, notierte, zeichnete und sammelte, bis sie das Gelbfieber zwang, ihre Forschungen aufzugeben. Die aufopfernde Pflege ihrer Tochter und ihre gute Konstitution retteten ihr das Leben. Den reichen Ertrag dieser Reise legte sie in einem aufwendigen Werk nieder, das zwar nicht ihre finanziellen Erwartungen erfüllte, ihr aber Anerkennung in der Forschergemeinde verschaffte. Einen Ausweg aus ihren permanenten Geldnöten fand sie im Handel mit ihren Mitbringseln: einem ausgestopften Krokodil, etlichen »Schlangen in Gläsern«, präparierten Kolibris und anderen exotischen Wundern der Schöpfung. Aber die Strapazen der Reise, das Fieber und die unermüdliche Arbeit hatten ihre Kräfte aufgezehrt. Eine zweite Forschungsfahrt vereitelte ein Schlaganfall, er zwang sie in den Rollstuhl. Kurz vor ihrem 70. Geburtstag vollendete sich ihr Leben. Wer war's?

WM

→ **Lösung auf S. 167**

Charmebolzen

Er hatte ihn einfach drauf, diesen angenehmen Plauderton, den es braucht, ein Publikum zu unterhalten. Und man sah ihm an, welches Vergnügen ihm das bereitete. Kein Wunder also, dass er ein beliebter Gast in Gesprächsrunden und auf gesellschaftlichen Events war – man wusste eben, dass mit ihm nichts schiefgehen konnte. So lieferte er köstliche Bonmots, wusste interessant zu erzählen, und wenn man Glück hatte, brachte er gleich mit den ersten Worten alle zum Lachen. Der Klang eines Lachens sei für ihn »die kultivierteste Musik der Welt«, sagte er und strahlte das selber aus: eine Form tief begründeter Heiterkeit, die Herzen öffnen kann – weil sie authentisch ist. In seiner Nähe, und sei sie nur medial vermittelt, konnte man gar nicht anders, als sich wohlzufühlen. Eine Gabe, die er nicht nur für sich und seine Karriere nutzte, sondern dazu, »Brücken zwischen den Menschen zu bauen«.

Dabei besaß er neben dem Talent zum Entertainer jede Menge weitere. Eines für Sprachen, die er mühelos erlernte, sieben beherrschte er fließend; eines zum Spielen, das ihn populär machte; eines zum globalen und analytischen Denken, das ihm mit den Jahren immer wichtiger wurde. Kosmopolit war er von Geburt an gewesen, »in Leningrad gezeugt, in London geboren, in Schwäbisch Gmünd getauft«, wie er verriet. Später wurde er immer mehr zum Sinnbild des Weltbürgers schlechthin – wohl auch, weil ihn die Vision von einer besseren und gerechteren Welt antrieb: »Am unerträglichsten finde ich, dass es Armut in reichen Ländern und reiche Menschen in armen Ländern gibt. In beiden Fällen sind sie fehl am Platz.«

Bestimmt hat er viel Elend mit ansehen müssen bei seinen Reisen um den Globus. Seinen heiteren Habitus behielt er trotzdem. Das Leben sei zu kurz, um sich mit Pessimismus zu belasten. Lieber versuchte er, die Welt bis in ihren letzten Zipfel hinein etwas wohnlicher zu machen. Praktisch und theoretisch: Noch kurz vor seinem Tod gründete er ein Institut mit dem Ziel, die Toleranz unter den Völkern zu fördern und damit »einem der größten Schurken in der Besetzungsliste der Geschichte« das Handwerk zu legen. Als Angehöriger einer Generation, die Hass, Gewalt und deren Folgen erlebt hatte, war ihm das zu einem Leitmotiv geworden. Denn er wusste: »Erst dann wird etwas böse, wenn es nicht mehr komisch ist.«

Herrlich komisch konnte er selber sein, wenn er in die Haut anderer, dann auch mal durchaus zwiespältiger Charaktere schlüpfte und etwa auf Glas- und sonstigen Dächern oder auf Schiffsplanken umherspazierte. Seit er das Spielen als einen Beruf entdeckt hatte, erarbeitete er sich parallel sein zweites Metier. Die Uraufführung eines seiner Bühnenstücke erlebte er nach seiner ersten Eheschließung, da war er gerade 19. Zehn Jahre hielt die Verbindung mit einer Kollegin, aus der eine Tochter hervorging, siebzehn Jahre die zweite und bis zu seinem Tod dann die dritte Ehe.

Seine Gefährtin der späten Jahre teilte mit ihm die Liebe zum Schreiben und das, sagte er, machte ihn im Stillen glücklich. Hier probierte er sich aus. Drehbuch und Short Story, Sachbuch und Autobiografie, jedes literarische Format schien ihm zu liegen. So inszenierte sich der mittlerweile vierfache Vater als eine Art Gesamtkunstwerk, das in immer wieder neuen Farben leuchtete – und blieb bei allen Preisen und Ehrentiteln, die man ihm verlieh, doch erfrischend uneitel. Wer war's?

FD

→ **Lösung auf S. 168**

Sein Name wurde zum Markenzeichen

Er war schon über vierzig Jahre alt, als er die Bühne der Geschichte betrat und das Schicksal vieler Völker beinahe gewendet hätte. Zuvor hatte er in einem schonungslos geführten Krieg auf der Seite gekämpft, die ihm und den Seinen günstige Handelsbedingungen bot, ihre Lebensweise respektierte und sie in Notzeiten freigiebig unterstützte. Als seine Alliierten kapitulierten und ihre territorialen Ansprüche aufgaben, taten die nachrückenden Sieger alles, um sich ihn zum erbitterten Feind zu machen. Sie traten wie eine Besatzungsmacht auf, verkauften Ramschwaren, strichen alle Gratislieferungen und zeigten deutlich Verachtung für ihre Handelspartner.

Die allgemeine Empörung nutzte er geschickt für seinen Plan, die verhassten Herren loszuwerden. Der bezwingende Redner schmiedete eine mächtige Allianz sonst oft verfeindeter Völker. Als ihm Agenten seines ehemaligen Verbündeten Hilfe versprachen, sah er den Zeitpunkt für einen konzentrierten Schlag gekommen. An vielen Stellen zugleich brachen Aufstände aus, eine ganze Reihe feindlicher Stützpunkte wurde erobert. Er selbst versuchte zweimal mit einer Kriegslist, einen strategisch wichtigen Ort von innen zu überrumpeln, brach die Unternehmen jedoch ab, als seine Pläne verraten wurden. Daraufhin belagerte er regelgerecht den befestigten Ort und versuchte, ihn vom Nachschub abzuschneiden. Trotz aller Erfolge in überlegt geführten Gefechten wurde seine Lage langsam aussichtslos: Ein Friedensschluss in der Ferne zerschlug seine Hoffnungen auf die militärische Hilfe seiner Alliierten von einst, die Belagerung schleppte sich hin, und die ersten seiner Verbündeten zogen entmutigt ab. Zudem wurden immer stärkere Truppen gegen seine Allianz aufgeboten, sie vergalten Grausamkeiten mit Unmenschlichkeit, ja sogar mit einer Art biologischer Kriegsführung durch pockeninfizierte Decken.

Den Zerfall seines Bundes konnte er nicht aufhalten. Immer mehr seiner Gefolgsleute ergaben sich aus Sorge ums Überleben. Als ihn seine früheren Alliierten offiziell aufforderten, Frieden zu schließen, bat er um eine Unterredung. Die andere Seite schlug jedoch Verhandlungen aus, und er zog sich mit wenigen Getreuen zurück. Auf befreundetem Gebiet predigte er weiter den Krieg gegen seine Bezwinger, auch als ihm seine widerwilligen Gastgeber jegliche Unterstützung verweigerten. Der Aufstand, den er dennoch anzettelte, war nurmehr eine blutige Episode. Der Anführer ohne Gefolgschaft ließ sich nun auf ein Treffen mit seinen Feinden ein und unterwarf sich. Sein Eintreten für den Frieden ruinierte seinen Ruf bei seinen Sympathisanten, die unter der aggressiven Handels- und Siedlungspolitik der Sieger litten. Ein vermeintlicher Freund erstach den geschmähten Heimatlosen, als er unbewaffnet einen Laden verließ.

Wie zum Hohn wurde am Ort seiner Niederlage eine erfolgreiche Produktlinie nach ihm benannt. Wer war's?

WM

→ Lösung auf S. 168

Da war zum Beispiel die Sache mit ihrer Heirat. »Was ist denn das für eine Frau, die den Namen ihres Mannes nicht annehmen will?«, empörte man sich. Und doch setzte sie sich durch, lange bevor das Namensrecht geändert wurde. Dass die Eheleute dann immerhin 54 Jahre teilten und erst der Tod des Mannes sie trennte, blieb ihr stiller Triumph über die Unkenrufer. Sie schrieb ihr privates Glück der Langmut ihres Mannes zu: »Er hatte immer Verständnis dafür, dass ich kein Hausmütterchen bin.«

Sie selber sei dagegen furchtbar ungeduldig, hadert sie mit sich, das empfinde sie als eine »richtige charakterliche Delle«. Vermutlich liegt die nun mal in ihrem Naturell. Dinge rasch und präzise zu erfassen, hat sie von Kindesbeinen an trainiert und auch beruflich eingesetzt, ob als Naturwissenschaftlerin oder als Journalistin. Und dann war da noch der Leistungssport, in ihrer Jugend gewann sie die regionale Kraulmeisterschaft. Die Schnellste halt.

Das Schwimmen liebt sie ihr ganzes langes Leben lang. Und fast wie eine Metapher spiegelt es ihre Haltung zum Leben wider, denn hin und wieder stemmt sie sich gegen den Strom. Das brachte ihr neben Hochachtung auch manche Ablehnung ein; einige Jahre, berichtet sie, habe man sie regelrecht gemobbt. Zwar glätteten sich die Wogen mit der Zeit, doch das Vertrauen war dahin. Später zog sie endlich selber die Konsequenz, deutlich entfremdet: »Die Frage ist: Wann werden die Kröten, die man schlucken muss, so dick, dass man selber zur Kröte wird?«

Einfach nur mitzutrotten, das widerstrebt ihr – ein Erbe ihrer Jugend, in der sie harte Verluste erfuhr. Die Geborgenheit ihrer Kindheit endete abrupt, als der Vater an einem Blinddarmdurchbruch starb. Da war sie zehn Jahre alt, ein Jahr später verlor sie auch die Mutter. Gemeinsam mit vier

Geschwistern wuchs die frühe Waise danach bei der Großmutter auf. Ein Jahrzehnt später verübte die geliebte Oma Selbstmord, aus Angst vor einem gewaltsamen Tod.

Wie überlebt ein junger, sensibler Mensch solche Tragödien? »Ich habe viele Narben, aber keine Hornhaut auf der Seele«, sagt sie heute. Und dass mit 24 ein neues Leben für sie begann, »… ein Sturz aus allen Ängsten, allen Zwängen … Das Glücksgefühl war so überwältigend, dass wir das Elend, in dem wir lebten, gar nicht als solches empfanden«. Würde man einen Film über sie drehen, müsste er wohl »Die Unbestechliche« heißen. Oder: »Lady Courage«. Denn das ist sie und darauf könnte sie stolz sein, zumal eine Haltung wie die ihre leider immer seltener wird.

Doch Selbstlob liegt ihr fern. »Ich bin nicht der Typ, der Stolz für sich in Anspruch nimmt«, sagte sie in einem späten Interview, ihr langjähriges Fachgebiet betreffend. Da hatte sich herausgestellt, dass ihre Visionen von früher längst für Gegenwart und Zukunft taugen, sie aber nahm sich zurück, einmal mehr: »Ich habe gewisse Dinge nur vorangetrieben.« Wer ist's?

FD

→ Lösung auf S. 169

»Wenn du nur fest genug an deinen Erfolg glaubst, wirst du ihn auch bekommen.« So oder ähnlich lautet die Coaching-Formel aus den gängigen Business-Ratgebern. Und wer weiß, vielleicht hat sie ja den einen oder anderen Ratgeber nicht nur gelesen, sondern tief verinnerlicht, nachdem sie als junges Mädchen beschlossen hatte, dass sie später reich und berühmt werden will. Zumindest hat sie sich – das weiß man heute – von Rückschlägen nie beirren lassen. Im Gegenteil, Niederlagen nahm sie sportlich, zog ihre Lehre daraus und machte einfach weiter.

Da war zum Beispiel die Sache mit dem Manager, auf den sie alle Hoffnung gesetzt hatte und der sie ohne Begründung wieder fallen ließ. Heulend verkroch sie sich bei ihrer Oma, doch die sagte nur: »Ich lass dich jetzt das ganze Wochenende weinen. Aber dann stehst du auf und trittst der Welt in den Arsch.« Gesagt, getan. Und als sie ein halbes Jahr später eine zweite Chance erhielt, griff sie unbeirrt zu.

Noch einmal würde sie sich nicht so abservieren lassen, das hatte sie sich geschworen. »Mein Leben ist ein Auftritt, der nie zu Ende geht«, freut sie sich nun. Aber sie hat auch lange und konsequent dafür gekämpft. Hungerte sich den Babyspeck runter, kellnerte nebenher, um sich teure Gesangsstunden leisten zu können. Eigentlich begann die Arbeit schon viel früher, in ihrem bürgerlichen Elternhaus.

Mit vier Jahren ging sie zum Klavier-, mit elf Jahren zum Schauspielunterricht. »Ich erinnere mich genau, wie ich das erste Mal Kaffee aus einer imaginären Tasse trank«, erzählte sie in einem Interview. Und: »Ich kann auch den Regen fühlen, wenn es gar nicht regnet.« Das Training hat sich ausgezahlt, heute dienen ihr die Schauspieltechniken dazu, ihre kreativen Visionen auf der Bühne in Szene zu setzen.

»Wie die meisten Künstler trage ich einen Aufruhr in mir herum ... diese spezifische Dunkelheit in unseren Herzen ist aber ein Geschenk, sie definiert, wer wir sind, und sie erlaubt uns erst, überhaupt zu sprechen«, orakelt sie druckreif. Inzwischen liest man ihr solche Sätze von den Lippen ab: »Es ist, als hätte ich die ganze Zeit geschrien, und plötzlich flüsterte ich nur noch, und alle kamen näher, um mir zuzuhören. Ich musste schreien, weil mir nur fünf Minuten gegeben waren. Aber jetzt habe ich 15.«

Freilich gibt es auch Neider. Eine Kollegin – und Konkurrentin – nannte sie »ein Phänomen der Weltwirtschaftskrise« und prophezeite ihr den raschen Niedergang. Sie aber sieht sich noch Jahrzehnte auf dem hart eroberten Zenit stehen. Als sie mal in Paris gastierte, schlenderte sie in ihrer Freizeit stundenlang durch die Museen. Seitdem hat sie einen neuen Traum: »In zwanzig Jahren gibt es im Louvre eine Ausstellung mit all meinen Kostümen und meinem Schaffen ... und mit einem modernen Ausstellungsteil mit Hinweisen auf die Inspiration, die ich späteren Künstlern geliefert habe.« Wer ist's?

FD

→ **Lösung auf S. 169**

Kein Mann des Worts

Als man ihn eines Tages fragte, ob er bereit sei, von der zweiten in die erste Reihe zu wechseln, überlegte er kurz und sagte dann zu. Zwar wussten alle, dass ihm Starrummel an sich suspekt war, andererseits aber erkannte er seine Chance, und vor allem reizte es ihn, aus dem Schatten seiner Vorgänger herauszutreten und sein eigenes Ding anzutreten. Und warum auch nicht: Er war jung, sportlich, ehrgeizig, clever – und er war gewiss nicht, wie man ihm damals nachsagte, maulfaul, spröde, trocken.

Dass ihm dieses Image lange anhaftete, hat vielleicht mit seiner Art zu reden zu tun, die – sieht man es negativ – manchmal etwas monoton wirkt. Sieht man es positiv, entdeckt man darin eine Art von Gelassenheit, die sich wohltuend vom Trommeln vieler Kollegen unterscheidet. Er ist eben ein leiser Dirigent, doch da ihm der Erfolg binnen vier Wochen recht gab, gewöhnten sich auch die Skeptiker schnell an seine Art. Mehr noch, in den folgenden Jahren schaffte er es, zu einem der beliebtesten Protagonisten seiner Zunft aufzusteigen, über die lokalen Grenzen seines Wirkens hinaus.

Er selbst hatte sich von Anfang an als Teamarbeiter gesehen. Mit gerade mal 17, als er seinen Einstand vor prominenter Kulisse gab, und auch in den vielen Jahren, die folgten. »Da müssen sich alle mit einbringen«, lautet einer seiner Lieblingssätze. Und wenn das mal nicht so funktioniert, hat er zwar kein Patentrezept, aber eine klare Philosophie: »Sich selbst treu zu bleiben« sei elementar: »… nicht hin und her zu springen, sich auf die Dinge zu konzentrieren, die man für wichtig hält …, und du musst Leute haben, die zu dir stehen, die dir Unterstützung, Verständnis und Anerkennung geben.« Darauf baut er bis heute und vor allem auf diesen einen Mitspieler im Hintergrund, den er vermutlich länger kennt als seine Ehefrau, also mehr als zwanzig Jahre.

Dieser bescheinigt ihm übrigens eine »außergewöhnliche emotionale Intelligenz«, während er wiederum an ihm »viel Wissen, gute Kontakte und ein ausgeprägtes Erinnerungsvermögen« zu schätzen weiß. Und falls so viel geballte Kompetenz trotzdem mal ins Leere läuft, mag das zwar blöd sein, gerät aber nie zu so einem langwierigen Beinbruch, wie man ihn sonst oft erlebt in dieser Branche.

Etwas zu planen, das Bestand haben soll: Das reizte ihn schon als Kind, als er noch davon träumte, Bauingenieur zu werden. Und das gehört auch heute zu seinen Aufgaben. Fragwürdig findet er, dass vielen seiner Kollegen dazu oft nicht genug Zeit bleibt. »Es wird einfach immer viel dummes Zeugs erzählt«, konstatiert er in seiner ruhigen Art: »Heute alles super, morgen alles mies.«

Tja, und was war dann die überflüssigste Diskussion des Winters?, fragte ihn mal einer. »Ich habe an keiner teilgenommen«, lautete die Antwort. Dann schwieg er und lächelte, wie stets ein wenig hintergründig. Wer ist's?

FD

→ Lösung auf S. 169

Einzelgänger

Ihn zu verrätseln ist eine Herausforderung, denn er ist berühmt, einmalig, eine Art Gesamtkunstwerk, um nicht zu sagen: Er ist ein Superstar – nicht erst, seit es das Format im Fernsehen gibt. Insofern können wir hier eigentlich nur Dinge über ihn preisgeben, die untypisch sind. Alles andere wäre zu einfach. Oder wir lassen ihn in eigenen Worten von sich erzählen, etwa so: »Jazz war meine Babynahrung. Die Bühne ist mein Sandkasten.« Doch auch damit ist leicht zu viel verraten, schließlich ist sein Umgang mit Sprache eines seiner Markenzeichen. Nun, wir versuchen es!

Angefangen hat der zweite Sohn eines Installateurs seine Laufbahn im Hotelgewerbe, aber das entpuppte sich als Irrweg: »Leuten den Stuhl unter den Hintern schieben und Forellen vorlegen war nun eigentlich keine Variante in meinen Zukunftsvisionen.« Lehr- und Wanderjahre nennt er die folgenden Jahre, in denen er seine Unschuld angeblich in einem Puff und sein Herz an eine Spionin verlor, ein paar Semester studierte und nebenher sein Ziel verfolgte, den Rhythmus anzugeben.

Und dann kam Tempo in die Sache! Eben hatte er noch im Hintergrund gehockt, nun rotierte er im Scheinwerferlicht. Er hatte diese eine Marktlücke entdeckt. Doch dass er sie Jahrzehnte ausfüllen würde, das hätte er wohl selber nie geglaubt.

Wie auch, eher hätte man ihm einen frühen Tod prophezeit, in seiner Branche nicht unüblich, da man das exzessive Leben liebt: »Ständig unterwegs, ist egal, wohin. Mein Zuhause ist da, wo ich gerade bin.« Einmal überlebte er angeblich sagenhafte 4,7 Promille im Blut. Sein Ururgroßvater sei Sizilianer gewesen, erzählt er gerne. Und dass dessen Temperament hin und wieder durchschlage: »… da spring ich schon mal aufs Klavier und tanze.«

Im Grunde ist er wohl ein Einzelgänger mit Talent zur Freundschaft. Nur den einen Menschen, den hat er angeblich nie gefunden, denn »die Liebe ist nichts für mich«, zu groß sei die »Angst, dass ich die anderen nicht glücklich machen kann. Und sie verliere«. Aber wenn man eine Art Ikone geworden ist – sein Heimatort hat einen Platz nach ihm benannt –, ist eine intime Ausschließlichkeits-Beziehung vielleicht auch kaum zu leben: »Die ganze Nacht wegen Liebeskummer wach liegen? Geht nicht mehr, nicht in meinem Beruf.« Immerhin hat er, wie die meisten großen Künstler, seine Gefühlsdramen als Inspirationsquelle nutzen können und daraus seine wohl schönsten Werke geschmiedet.

So ist er zwar einerseits ständig in der Öffentlichkeit, zieht sich aber andererseits bei Bedarf ins Private zurück, denn: »Irgendwann weißt du nicht mehr, ist das noch die Rolle, oder war ich schon immer so?« Übrigens zeigt er seit Jahrzehnten eine Vorliebe für ein ganz bestimmtes Kleidungsstück. Und das wird in einem Dorf produziert, das tatsächlich seinen Namen trägt. Wer ist's?

FD

→ Lösung auf S. 170

Ein unscheinbarer Held

Es war eine reizvolle Landschaft, in der er aufwuchs, doch die Welt in seinem Heimatdorf war eng. Der Vater versuchte sich als Fuhrunternehmer, Holzhändler und Landwirt, glücklos versank er immer öfter im Alkohol und prügelte auf Frau und Kinder ein. Von ihm lernte der älteste Sohn nichts als eine tiefe Abscheu vor Gewalt. Für seine schulischen Leistungen interessierte sich in seinem deprimierenden Elternhaus niemand – Hauptsache, er arbeitete nach dem Unterricht kräftig in der Landwirtschaft mit. Die Ausbildung in einem Traditionsbetrieb der Eisenindustrie musste er aufgeben, der Metallstaub hatte seiner Gesundheit zugesetzt.

In seiner zweiten Lehrzeit erwarb er sich Fähigkeiten, auf die er sein Leben lang stolz war. Seinen Beruf verstand er als Kunst, der er sich mit Geschick, Ehrgeiz und Fantasie widmete. Früh löste sich der junge Mann von der zerrütteten Familie. Er arbeitete hier und dort in der angenehmen Gegend um einen See, der in freundlicher Übertreibung »Meer« genannt wird. Zumeist blieb er seinem Fach treu, eignete sich aber auch Kenntnisse der Feinmechanik an. Um Politik kümmerte er sich wenig, Frauen interessierten ihn schon eher. Und der begabte Zitherspieler mit der schwungvollen Haartolle hatte durchaus Erfolg.

Nach glücklichen Jahren fern der Familie folgte er einem Hilferuf seiner Mutter und fuhr in seine Heimat, um Hab und Gut vor dem trunksüchtigen Vater zu retten. Der endlosen Streitereien müde zog er sich wieder zurück, konzentrierte sich auf seine Arbeit und wenige Freundschaften. Er war still, liebte aber Geselligkeit, Musik, Wanderungen, Tanzen und war stets zu nachbarschaftlichen Hilfsdiensten bereit.

Als er in eine Gewerkschaft eintrat, ging es ihm nicht um idealistische Programme, sondern um alltägliche Ziele wie gerechter Lohn und die Verbesserung der Lebensverhältnisse der Arbeiter. Aktionismus und Parteidisziplin lehnte er ab, dennoch gehörte er später einem kämpferischen Bund an. Sein Handeln war geleitet von seinem protestantisch geprägten Gewissen und dem Glauben an Freiheit und Gerechtigkeit. Er misstraute Parolen und Propaganda einer angeblich neuen Zeit, registrierte aber die wachsende Unzufriedenheit der Arbeiter, die Lohnkürzungen, auch die ersten Anzeichen einer Kriegsproduktion. Die brüllenden Verkünder von Macht und Herrlichkeit hatten ihn von Anfang an abgestoßen, der kluge Beobachter befürchtete eine kollektive Katastrophe. Er war überzeugt, sie ließe sich nur durch eine entschlossene Tat verhindern und fühlte sich von seinem Gewissen zum Handeln aufgerufen. Seine Vorbereitungen waren technisch perfekt, doch ungünstiges Wetter und ein unflexibles Eisenbahnamt vereitelten den Erfolg. Von langer Anspannung erschöpft, verhielt er sich fahrlässig und lief diensteifrigen Beamten in die Arme. Später ärgerte er sich über seinen Leichtsinn. Einen Prozess gegen ihn gab es nicht; er starb kurz vor dem Mann, der für ihn alles Unheil verkörperte. Wer war's?

WM

→ Lösung auf S. 170

Vielleicht glaubte er tatsächlich, er könnte dem Tod ein Schnippchen schlagen. Oder er hatte einfach Lust, das Auditorium zu unterhalten, das ihn für sein Gesamtwerk ehren wollte. »The show must go on« – das war ja ein Leitmotiv in vielen seiner Filme. Und so erzählte er auf der Bühne, die Auszeichnung in der Hand, dass das mit dem Lebenswerk verfrüht sei. Er habe vor, noch 40 Jahre zu arbeiten, er lebe ja mit dem transplantierten Herz eines jungen Spenders. Allem gezeigten Optimismus zum Trotz: Nach diesem Auftritt blieb ihm kaum mehr ein Jahr. Und vermutlich hat er das Schwinden der Kräfte gespürt: Ungefähr zeitgleich, bei einem anderen öffentlichen Event, verriet er im engeren Kreis, dass man sich hier wohl zum letzten Mal über den Weg laufe. So kam die Ehrung gerade noch rechtzeitig – längst überfällig für einen Regisseur, der mit seinen Filmen einen höchst eigenwilligen, unverwechselbaren Stil geprägt hat.

Er arbeite mit »Liebe zum Detail wie Visconti«, mit dem »ordnenden Blick eines Kubrick und der lustvollen Spontaneität eines Renoir ...«, hieß es später in einem Nachruf. So unterschiedlich und verstreut auch Szenarien, Orte, Topoi und Menschen waren, die er auf die Leinwand zeichnete, meist fügte sich dann alles zu einem Kaleidoskop schräger, alltäglicher, auch verstörender Lebenswirklichkeiten. Und wenn sich all die verschiedenen Erzählstränge irgendwo trafen, ergab das einen Moment des Glücks und Innehaltens – oder mündete in eine Katastrophe. Dafür ließ er immer wieder gern Naturgewalten Schicksal spielen, auch irrwitzige Zufälle. Oder es explodierte aus nichtigem Anlass eine Lebensgeschichte.

Vielleicht war es sein bestes Kapital als Geschichtenerzähler, dass er sich überall umgesehen hatte. Der Vater von sieben Kindern hatte erstaunlich viele Berufsfelder er-

kundet, als Ingenieur, Berufsflieger, Geschäftsmann, Indus-
triefilmer und sogar als Erfinder. Seine wohl skurrilste Ent-
deckung: eine Maschine, mit der man Hunde tätowieren
konnte. Irgendwann war er beim Fernsehen gelandet und
drehte dort einige Folgen einer Cowboy-Serie um einen Vater und dessen Söhne. Später erzählte er, dass der chinesi-
sche Koch, den er den Herren zur Seite gestellt hatte, sein
»Beitrag zur Völkerverständigung« gewesen sei. Solche Art
Humor liebte er; einmal verweigerte er einem Journalisten
alle Infos zu einem neuen Film und erzählte ihm stattdessen
von seiner letzten Knieoperation.

Er brauchte viel Freiraum, den gestand er auch seinen
Schauspielern zu, die sich zu großen Star-Ensembles um ihn
sammelten. Wie in dem Film, der ihm nach weniger guten
Jahren das Comeback brachte. Darin ging er der Frage nach,
wie Männer und Frauen es zusammen aushalten, wie sie
vielleicht nur bleiben, weil ihnen nichts Besseres einfällt,
wie sie eine Menge Scherben hinterlassen oder versehent-
lich ganz unter die Räder kommen.

Keine Verbindlichkeit, keine Wahrheit, keine Moral, keine
Helden – das Credo des Films. Und doch, obwohl oder gerade
weil die Filmfiguren hier am eigenen seelischen Abgrund
tänzeln, merkte man, wie sehr er sie dafür liebte, auf eine fast
trotzige Art. Und mit diesem zärtlichen Blick auf menschliche Schwächen inszenierte er auch sein letztes Werk: eine
mit Humor und Melancholie untermalte Hommage an hand-
gemachte Musik. Wer war's?

FD

→ Lösung auf S. 171

Lösungen

Ein Meister immer neuer Anfänge
Die Geschichte wäre ohne *Winston Churchill* (1874–1965) sicher anders verlaufen. Er war Enkel des 7. Herzogs von Marlborough, seine Mutter war Amerikanerin, sein Vater Tory-Politiker. Als Kavallerieoffizier war Churchill in Indien stationiert, reiste aber auf eigene Faust an Kriegsschauplätze in Kuba, Südafrika sowie im Sudan und veröffentlichte Berichte seiner Erlebnisse. Bei den Konservativen war er Hinterbänkler, er wechselte zu den Liberalen und wurde Marineminister, verlor aber nach dem gescheiterten Angriff auf Deutschland und Österreich-Ungarn auf der türkischen Halbinsel Gallipoli 1915 Posten und Einfluss. In der Nachkriegszeit wieder Tory, wetterte er u. a. gegen Gandhi. Als die Appeasement-Politik mit Hitler scheiterte, wurde er zunächst erneut Marineminister, schließlich Premierminister, unter dem sich England Hitlerdeutschland entgegenstellte. Er ist Verfasser zahlreicher Geschichtswerke.

Gruppenbild mit Dame
Ingeborg Bachmann (1926–1973) stammte aus Klagenfurt, 1950 promovierte sie über den Philosophen Martin Heidegger. Als Lyrikerin wurde sie 1952 auf einer Tagung der Gruppe 47 im Ostseebad Niendorf entdeckt. 1953 erschien ihr berühmter Gedichtband ›Die gestundete Zeit‹. Von 1958 bis 1963 war sie mit Max Frisch liiert. In späteren Jahren wandte sich Ingeborg Bachmann der Prosa zu, 1964 erhielt sie den Georg-Büchner-Preis. Ingeborg Bachmann starb am 17. Oktober 1973 in Rom an den Folgen eines Brandunfalles, den ihre glimmende Zigarette ausgelöst hatte.

Einfühlendes Denken war ihr wichtiger als alle Theorie
Anna Freud (1895–1982) war das jüngste der sechs Kinder von Sigmund Freud. Die Töchter des Begründers der Psychoanalyse wurden eher konventionell erzogen und nicht auf Schulen geschickt, die ihnen eine akademische Karriere ermöglicht hätten. Anna in-

teressierte sich schon früh für die Arbeit ihres Vaters, unortho-
doxerweise führte er selbst die Lehranalyse mit ihr durch. Mit Lou
Andreas-Salomé als Mentorin entwickelte sie die Kinderanalyse als
besonderen Zweig der Psychoanalyse. Im Londoner Exil boten die
von ihr und ihrer Freundin Dorothy Burlingham gegründeten »war
nurseries« einflussreiches Studienmaterial. Zeitlebens verteidigte
sie das Werk des Vaters gegen verfälschende Vereinnahmungen.

Alphatier
John Lennon (1940–1980) war gemeinsam mit Paul McCartney
der Gründer der Jahrhundertband ›The Beatles‹, die aus Lennon,
McCartney, George Harrison und Ringo Starr bestand. Die vier
Jungs aus Liverpool feierten ihre ersten Erfolge in Clubs auf der
Reeperbahn in Hamburg. Mit Hits wie ›I Want to Hold your Hand‹,
›Ruby Tuesday‹, ›Yellow Submarine‹ u. v. a. komponierten sie Songs,
die nach wie vor unvergessen sind. 1968 ließ sich Lennon von seiner
Frau Cynthia scheiden und heiratete im Jahr darauf Yoko Ono. 1969
veröffentlichten die Beatles ihr letztes gemeinsames Album ›Abbey
Road‹, 1970 trennten sich die vier offiziell, und John Lennon ging
eigene musikalische Wege, zum Teil zusammen mit seiner Frau. 1971
feierte er mit dem Album ›Imagine‹ seinen größten Solo-Erfolg.
1980 wurde er von einem geistig verwirrten Attentäter in New York
erschossen.

Getrieben von Genie und Ehrsucht
Gianlorenzo Bernini (1598–1680) war Bildhauer, Papst Urban VIII.
ernannte ihn jedoch zum Baumeister des Petersdoms. Als einer
der geplanten Zwillingstürme bereits enthüllt war, traten Risse
in der Fassade des Doms auf. Auf Betreiben seines Rivalen, des
Architekten Carlo Borromini, wurde der Turm abgerissen und der
Plan aufgegeben. Der neue Papst Innozenz X. lud ihn nicht einmal
mehr ein, sich an der Ausschreibung für den Brunnen auf der Piazza
Navona zu beteiligen, Bernini gelang es jedoch, es so einzurichten,
dass der Papst ein Modell seines Entwurfs zu sehen bekam, und er
erhielt den Auftrag. Er gestaltete maßgeblich Petersdom und -platz
sowie insgesamt das barocke Gesicht der Ewigen Stadt.

Kein Happy End, nirgends

Kurt Tucholsky (1890–1935). Der Essayist, Poet und Romancier gilt als Meister der kleinen Form, schrieb aber auch heitere Novellen wie ›Schloss Gripsholm‹. Er gehörte zu den kritischen Autoren der Weimarer Republik, vielfach veröffentlichte er unter Pseudonym (Peter Panter, Theobald Tiger und andere). Im Dezember 1935 beging er aus persönlicher und politischer Verzweiflung Selbstmord im schwedischen Exil. Seinen Abschiedsbrief widmete er seiner zweiten Ehefrau, Mary Gerold-Tucholsky, mit der er in Paris und Berlin gelebt hatte – seine große Liebe. Obwohl seit sieben Jahren von ihr getrennt, machte er sie zur Universalerbin. Seine letzte Begleiterin war seit 1932 die Ärztin Hedwig Müller in Zürich, genannt Nuuna. Ihr sandte er zahllose Briefe und Notate.

»Ich trage das Kainsmal auf der Stirn«

George Gordon Lord Byron (1788–1824) erbte mit zehn Jahren (nach dem Tod seines Großonkels) den Adelstitel Baron Byron of Rochdale in the County Palatine of Lancaster. Als 18-Jähriger veröffentlichte er seine Gelegenheitsgedichte. Das auf einer Orientreise verfasste ›Childe Harolds Pilgerfahrt‹ machte ihn zum literarischen Star. Sein Eintreten für die Weber brachte ihn politisch ins Abseits. Im Freiheitskampf der Griechen galt er als Hoffnungsträger, seine Gesänge hatten in Europa für ideelle und finanzielle Unterstützung gesorgt. Er starb, wohl an Malaria erkrankt, mit 36 Jahren in Griechenland.

Eine mutige Frau

Milena Jesenská (1896–1944). Die Prager Journalistin und Widerstandskämpferin war lange nur als frühe Übersetzerin Franz Kafkas bekannt sowie als Empfängerin seiner Liebesbriefe (›Briefe an Milena‹). Als Kolumnistin und Reporterin prägte sie selbst nachhaltig die geistige und politische Welt im Prag der 20er- und 30er-Jahre. Milena Jesenská wurde im November 1939 von der Gestapo verhaftet und starb nach fünf Jahren Haft am 17. Mai 1944 im Konzentrationslager Ravensbrück.

Der Traum vom Leben als Gesamtkunstwerk

Christian Dior (1905–1957) wurde 1947 mit dem »New Look« zum Inbegriff der Pariser Mode. Er gehörte zu den Bohemiens um Max Jacob und Jean Cocteau. Nach den Kriegsjahren ging es ihm darum, den Frauen ihre Weiblichkeit zurückgeben. Die »Blütenfrauen« seiner Vorstellung bekamen nach den Flapper Dresses nun in einer zeitgemäßeren Version wieder die Sanduhrsilhouette des Jahrhundertanfangs mit weitem langen Rock und enger Taille. Als er nach seiner Zeit als Designer bei Lucien Lelong sein eigenes Haus gründete, verwirklichte er den Traum, mit Mode, Accessoires und Parfüms ein Gesamtkonzept für Eleganz anzubieten. Die Marke Dior der Generationen zuvor warb mit dem Slogan »L'engrais Dior, c'est de l'or!« (Dior-Dünger, das ist Gold!)

Das schönste Gesicht

Romy Schneider (1938–1982) war die Tochter des Schauspielerpaares Magda Schneider und Wolf Albach-Retty. Die Titelrolle in ›Sissi, Mädchenjahre einer Kaiserin‹ machte sie 1955 zum Star in Deutschland und Österreich. Vor Kitsch und Klischee floh sie nach zwei weiteren Sissi-Filmen nach Frankreich, lernte perfekt Französisch und reifte zur Charakterdarstellerin. 1958 bis 1963 war sie mit Alain Delon liiert; mit Ehemann Harry Meyen lebte sie ab Mitte der sechziger Jahre in Berlin. Nach der Scheidung ging sie zurück nach Paris, fand in Claude Sautet »ihren« Regisseur, in Michel Piccoli ihren Kino-Traumpartner. Zusammen drehten sie Filme wie ›Die Dinge des Lebens‹ und ›Das Mädchen und der Kommissar‹. Zwei traumatische Einschnitte – den Selbstmord von Ex-Mann Meyen und den Unfalltod ihres 14-jährigen Sohnes David 1981 – konnte sie nicht verkraften und starb am 29. Mai 1982 in Paris.

Geschäftssinn, Abenteuerlust und Forschergeist

Als dem Vater von *Carl Hagenbeck* (1844–1913) als Beifang zwei Robben geliefert wurden, kam er auf die Idee, sie für »Entrée« auf dem Hamburger »Dom« auszustellen. Zu Domzeiten nutzte er diesen Nebenerwerb weiterhin, z. B. mit einem als Lama verkleideten Reh. Sohn Carl machte den Tierhandel mit exotischen Tieren zum

Haupterwerb und rüstete Tierfang-Expeditionen aus. Er machte Schule mit der »zahmen« Tierdressur und unterhielt einen Zirkus. Die Zoologie verdankte ihm Anschauungsobjekte und Erkenntnisse über Tierverhalten. Als Erfinder der »Völkerschauen« ist der Gründer von »Hagenbecks Tierpark« bei der Nachwelt in die Kritik geraten. Das Lob stammt von Kaiser Wilhelm II.

Die Arbeit war ihr bestes Schönheitsmittel
Helena Rubinstein (vermutlich 1871–1965) gilt neben ihrer Konkurrentin Elizabeth Arden als Pionierin der Kosmetikindustrie. Mit ein paar Töpfchen mit Creme (nach einem alten Apotheker-Rezept aus ihrer Heimat Polen) reiste sie 1892 nach Australien und eröffnete dort 1899 ihren ersten Schönheitssalon. Noch vor dem 1. Weltkrieg gründete sie Filialen in London und Paris und ging dann nach New York. 1953 gründete sie die »Helena Rubinstein Foundation« für medizinische Forschung.

Angeblich ging sie über Leichen
Katharina von Medici (1519–1589), die Tochter von Lorenzo II., Herzog von Urbino, stand unter der Vormundschaft ihrer Großonkel Papst Leo X. und Papst Clemens VII. Nach dem Sacco di Roma rebellierte Florenz gegen die Medici und hielt Katharina als Geisel. Auf den Friedensvertrag mit dem Papst hin belagerte Karl V. die Stadt, Katharina wurde nach Rom gebracht. 1533 wurde sie mit dem zweiten Sohn des französischen Königs Franz I. verheiratet. Heinrich II. wurde 1547 König von Frankreich, nach seinem Tod 1559 regierten in ihrem Schatten nacheinander drei ihrer Söhne. Die Hugenottenkriege, in denen sie immer wieder zu vermitteln versuchte, fanden einen schrecklichen Höhepunkt in der »Bartholomäusnacht«. Auslöser war das Attentat auf den Anführer der Protestanten Admiral Coligny, dessen Einfluss auf ihren Sohn Karl IX. Katharina als bedrohlich empfand.

Sandwich-Kind
Lady Diana Spencer (1961–1997) war die Tochter von Sir John Edward und Lady Frances Spencer. Sie verbrachte ihre Kinderjahre

mit den Geschwistern Sarah, Jane und Charles auf Sandringham, einem Landsitz der Monarchenfamilie. Ihr Vater war Königlicher Stallmeister. Am 29. Juli 1981 heiratete die verbürgte Jungfrau den 13 Jahre älteren Prinz Charles. Die Ehe brachte zwei Söhne hervor, die Prinzen William und Henry, verlief ansonsten – auch wegen Charles' Beziehung zu Camilla Parker Bowles – unglücklich und wurde 1996 geschieden. Zuvor hatte Lady Di in einem berühmt gewordenen BBC-Interview ihre Sicht der Dinge und ihre seelische Krankheit, die Bulimie, offenbart. Sie liebte Eleganz, Luxus, Glamour, engagierte sich aber zugleich für karitative Zwecke, etwa in der Aidshilfe, für Landminenopfer und vieles mehr. Im Privatleben fühlte sie sich oft benutzt; auch ihr Reitlehrer und Ex-Lover James Hewitt vermarktete die Affäre mit der »meist fotografierten Frau der Welt« später Gewinn bringend in einem Buch. Nachdem Diana 1997 auf der Flucht vor Paparazzi an der Seite von Dodi Al-Fayed in Paris tödlich verunglückt war, löste das für kurze Zeit eine Art kollektiver Trauer aus. Als »Königin der Herzen« wurde sie postum zum Mythos.

Er war zupackend bis zur Tätlichkeit

Erste Quellen über den Bischof *Nikolaos von Myra* (um 270, Patara, bis um 340, Myra in Lykien an der westlichen Mittelmeerküste der Türkei) datieren 200 Jahre nach seinem Tod. Sein Name bedeutet »Sieg des Volkes (Gottes)«, verwechselt wurde er oft mit Abt Nikolaus von Sion (6. Jahrhundert). Ob er 325 am Konzil zu Nizäa teilnahm, ist umstritten; Kaiser Konstantin wollte damit die von Arius, den Nikolaos geohrfeigt haben soll, bedrohte Einheit des christlichen Glaubens festigen. Eine Ikone des Nationalheiligen der Orthodoxen kam im Gefolge der byzantinischen Prinzessin Theophanu 972 in den Westen. 1087 wurden seine Gebeine nach Bari überführt.

Botschafterin einer besseren Welt

Franca Magnani (1925–1996) war die erste Auslandskorrespondentin des Deutschen Fernsehens und machte das hiesige TV-Publikum mit Alltag und Politik Italiens vertraut. Seit 1964 für die ARD tätig, war die attraktive Frau mit dem rollenden »R« bald sehr beliebt beim Publikum und erhielt 1983 den Fritz-Sänger-Preis für mutigen Journalismus. Von Wolf Feller, dem Fernsehdirektor des BR, wurde sie dennoch Mitte der Achtziger aus dem Job gemobbt; ihm und anderen Konservativen missfiel, dass sie mit dem früheren KPI-Mitglied Valdo Magnani verheiratet war. 1990 veröffentlichte Franca Magnani, deren Vater vor dem Gang ins Exil auch Journalist gewesen war, ihre Autobiografie. Darin beschrieb sie die von Faschismus und Kommunismus geprägten Kindheits-, Exil- und Nachkriegsjahre zwischen Rom, Marseille, Zürich, London und Bonn. 1992 wurde sie mit dem Bundesverdienstkreuz ausgezeichnet.

Ein Gentleman, der für Skandale sorgte

Édouard Manet (1832–1883) begriff sich als »Maler des modernen Lebens«, wie sein Freund Baudelaire ihn definiert hatte. Seine Bilder ›Das Frühstück im Grünen‹ und ›Olympia‹ lösten Skandale aus, die ihn berühmt machten. Den Kritiker Duranty ohrfeigte er öffentlich und verletzte ihn beim Duell mit seinem Degen. Sie wurden Freunde. Die Impressionisten wurden zunächst »bande à Manet« genannt; aber im Unterschied zu ihnen, die Künstler der Natur zu sein suchten, gilt der überzeugte Pariser Großstädter als »Künstler der Kunst«. Ob der von ihm oft porträtierte Sohn seiner Frau, der holländischen Pianistin Suzanne Leenhoff, sein Kind war, bleibt ungeklärt. Er starb an Wundbrand, nachdem ihm ein Bein amputiert worden war. Der Nachruf stammt von seinem Malerkollegen Degas.

Eigentlich wollte er Pianist werden

Heinz Erhardt (1909–1979). Der erste wahre Comedian des deutschen Fernsehens sah aus wie ein moppeliger Spießbürger und hatte es doch faustdick hinter den Ohren. Er war Komiker, Dichter, Musiker, Schauspieler und verblüffte mit Wortspielen und hintersinnigen Pointen. Statt Infos zur Vita an dieser Stelle – lieber noch 'n Gedicht: »Am Fuß von einem Aussichtsturm / saß ganz erstarrt ein langer Wurm. / Doch plätzlich kommt die Sonn herfür, / erwärmt den Turm und auch das Tier. / Da fängt der Wurm an sich zu regen. / Und heißt jetzt Regenwurm deswegen.«

Sie hat es nicht verstanden, berühmt zu sein

Marie Curie wurde 1867 als Marya Salomee Sklodowska in Warschau geboren. 1895 heiratete sie Pierre Curie (1859–1906), 1898 entdecken sie gemeinsam das Polonium und das Radium, und es gelang ihr, Radiumsalz zu isolieren. 1903 erhielten sie mit Henri Becquerel den Nobelpreis für Physik, das von ihm entdeckte Phänomen wurde von ihr »Radioaktivität« genannt. Es wurde zum Mittelpunkt ihres Lebens. 1908 wurde sie die erste Professorin der Sorbonne. 1911 erhielt sie den Nobelpreis für Chemie. 1934 starb sie wohl infolge der Strahlenkrankheit an »perniziöser Anämie«.

Die Nachbarn hörten sie singen

Maria Callas (1923–1977) gilt als größte Sopranistin und Operndiva des 20. Jahrhunderts, mit ganzem Namen hieß sie Maria Anna Sofia Cecilia Kalogeropoulos. Ihr Künstlername Callas ist angelehnt an die erste und letzte Silbe des Familiennamens. 1947 sang die Callas in Verona und begegnete dort ihrem künftigen Ehemann und Manager, dem Ziegeleibesitzer Giovanni Battista Meneghini. Mit dem griechischen Reeder Aristoteles Onassis verband sie eine innige Freundschaft, Zuneigung und Liebe. Maria Callas starb, erst 53-jährig, an einer Lungenembolie in Paris.

Mehr als zwei Seelen vereinten sich in seiner Brust

Eine »abstoßende, verkniffene Verbrecherphysiognomie« habe *Lorenzo de Medici* (1449–1492) gehabt, schrieb Macchiavelli. Auch sonst sparte er nicht mit Kritik an dem »Prächtigen«. Lorenzo erhielt eine umfassende humanistische Bildung, für die Geschäfte seiner Familie wurde er wenig vorbereitet. Nach dem Tod seines Vaters Piero trat er 1469 an die Spitze der Republik Florenz. Er bezeichnete sich stets als Bürger unter Bürgern, lebte und repräsentierte aber wie ein Fürst. Seine Frau Clarice Orsini entstammte römischem Adel. Das Wohl des ersten Bürgers wurde mit dem der Stadt Florenz gleichgesetzt, besonders nach dem Mordanschlag auf Lorenzo, bei dem 1478 sein Bruder Giuliano getötet wurde. Sein Sohn Piero musste zwei Jahre nach seinem Tod aus Florenz fliehen.

Immer unterwegs

Patricia Highsmith (1921–1995) kam zwar in Texas zur Welt, fühlte sich aber schon früh als Europäerin und lebte später Jahrzehnte lang in Frankreich, in Großbritannien und zuletzt im Tessin. Ihr Lebenswerk, so brachte es ein Kritiker einmal auf den Punkt, war »die Vollendung und Überbietung des Kriminalromans«. Sie schrieb Erzählungen und Romane, von denen etliche verfilmt wurden, darunter die Titel ›Ediths Tagebuch‹, ›Der süße Wahn‹ und mehrere Romane um die geheimnisvolle Figur Ripley (u. a. ›Der talentierte Mr. Ripley‹ und ›Ripleys Game‹).

Sie wollte nie jemand anders sein als sie selbst

Königinmutter Elizabeth (1900–2002), geborene Bowes-Lyon, war Tochter eines schottischen Earl. Der Familiensitz Glamis ist Schauplatz von Macbeths Mord an Duncan. Bei ihrer Heirat mit dem Herzog von York 1923 war nicht damit zu rechnen, dass sie Königin werden würde. Die Abdankungskrise 1936 brachte ihren Mann Albert als George VI. auf den englischen Thron. Ihre Beliebtheit verdankte sie vor allem ihrem unermüdlichen Einsatz für die Moral der Bevölkerung im 2. Weltkrieg. Hitler nannte Churchill seinen wichtigsten Feind, sie seine wichtigste Feindin. 1952 wurde sie Witwe, erfüllte aber ihren »Dienst« in der Öffentlichkeit fast bis zu ihrem Tod.

Meister seines Fachs

Georges Auguste Escoffier (1846–1935) stammte aus der Nähe von Nizza. Seine Meisterschaft am Herd und sein Talent als Organisator führten ihn als Küchenchef in die teuersten Grandhotels. Stationen waren unter anderem Cannes, Monte Carlo, Paris und London. Viele Jahre verband »den Koch der Könige und König der Köche« eine enge Zusammenarbeit mit dem Hotelier César Ritz. Escoffier gilt als Erneuerer der Haute Cuisine, sein ›Guide Culinaire‹ als Standardwerk der französischen Küche. Mit dem ›Pfirsich Melba‹ kreierte er sein vermutlich berühmtestes Dessert. Zitat: »Eine gute Küche ist das Fundament allen Glücks.«

»Ich liebe das Zarte und Feine, das Glänzende und das Herrliche«

Sappho aus Lesbos (617/612–560/570 v. Chr.) war Tochter des Skamandronymos und der Kléis. In der Antike galten ihre Gedichte als Stilmuster, sie selbst wurde als Ikone der Dichtkunst verehrt. Die Kirchenväter verdammten sie – »dieses verhurte, liebstolle Weibsbild, das seine eigene Schamlosigkeit in Liedern besingt« – und sorgten dafür, dass ihre Dichtungen bis auf wenige Reste verbrannt wurden. So erinnert man sich der »bekannten Unbekannten« der Weltliteratur heute hauptsächlich als Namensgeberin für Frauen mit gleichgeschlechtlichen Neigungen.

Vaterfigur

Willy Brandt (1913–1992) hieß eigentlich Herbert Frahm und legte sich im norwegischen Exil seinen Decknamen zu, den er bis zum Lebensende beibehielt. Von 1969 an war er der erste sozial-demokratische Bundeskanzler der Bundesrepublik Deutschland. Nach der Enttarnung seines engen Mitarbeiters Günter Guillaume als DDR-Spion trat er 1974 zurück. Das Zitat in diesem Zusammenhang stammt von Egon Bahr, alle weiteren Zitate im Text sind dem Erinnerungsbuch des Sohnes entnommen (Lars Brandt, ›Andenken‹, Rowohlt).

Er versuchte, seinem Namen gerecht zu werden

Der »zweite Salomon«, *Süleyman I.* (1494–1566), in Europa als »der Prächtige« bekannt, bei seinem Volk als »der Gesetzgeber«, folgte seinem Vater Selim I. 1520 auf den Thron des Osmanischen Reiches. Entgegen der Tradition heiratete er Hürrem Sultan, bekannter unter dem Namen »Roxelane«, »die Russin« Alexandra Lisowska, ein Geschenk seines Großwesirs Ibrahim. Die Architektur seines Hofarchitekten Sinan ist bis heute stilbildend für islamische Sakralbauten. Im Machtkampf mit Kaiser Karl V. um die Vorherrschaft in Europa belagerte er 1529 erfolglos Wien. Süleyman starb bei der Einnahme der ungarischen Festung Szigetvár.

Kleine und große Wunder

Walt Disney (1901–1966) war erst Zeichner (er arbeitete mit Ubbe Iwerks zusammen, der Mickey Mouse erfand) und produzierte gemeinsam mit seinem Bruder Roy kurze Werbefilme, bevor ihn Ende der 20er-Jahre die Mickey-Mouse-Filme weltberühmt und zum mächtigen Filmproduzenten machten. Meilensteine seiner Karriere waren der Zeichentrickfilm ›Schneewittchen und die sieben Zwerge‹ (1937), der Musikfilm ›Fantasia‹ (1940), der Dokumentarfilm ›Die Wüste lebt‹ (1953) und sein letztes Werk, an dem er noch persönlich mitwirkte, ›Das Dschungelbuch‹ (1965). Disney-Filme erhielten insgesamt 26 Oscars, dazu kamen 37 Oscar-Nominierungen und diverse sonstige Auszeichnungen. Verheiratet war er seit 1925 mit Lillian Marie Bounds.

»Liebling der Natur«

Tintoretto (»das Färberlein«) wurde 1518/19 als Jacopo Robusti in Venedig geboren; ob er wirklich bei Tizian in die Lehre ging, ist nicht gesichert. 1548 erregte er mit dem ›Sklavenwunder‹ Aufsehen, erhoffte Nachfolgeaufträge blieben jedoch ebenso aus wie finanzielle Anerkennung. Um 1553 heiratete er Faustina Episcopi; seine älteste Tochter Marietta wurde eine gesuchte Porträtistin. Als »gewaltigsten Geist der Malerei« beschrieb ihn Giorgio Vasari, dem Komödiendichter Andrea Calmo verdanken wir privatere Einblicke. Über die ökonomischen Prinzipien seiner Arbeitsweise machte sich Jean-Paul Sartre Gedanken. Er starb 1594.

Sie huschte um die Ecke

Greta Garbo (1905–1990), eigentlich Greta Lovisa Gustafsson, wuchs in einem Armenviertel in Stockholm auf. 1925 kam sie nach Hollywood, und nachdem sie im Alter von 36 Jahren dem Filmbusiness Adieu sagte, wurde sie zum lebenden Mythos ihrer selbst. Zu den Erfolgen der Schauspielerin, die wegen ihrer hinreißenden Aura auf der Leinwand »Die Göttliche« genannt wurde, zählten vor allem die frühen, tragischen Stummfilme wie ›Die freudlose Gasse‹ und ›Anna Karenina‹, einer ihrer bekanntesten Filme ist ›Die Kameliendame‹ von 1936. 1939 gelang ihr mit der Komödie ›Ninotschka‹ von

Ernst Lubitsch noch einmal ein Erfolg, zwei Jahre später hörte sie einfach auf, Filme zu drehen. Bis zu ihrem Tod lebte sie abgeschirmt und allein in New York. Das Zitat stammt von Patricia Highsmith.

Sie wagte viel und gewann mehr

Sie hat die moderne Champagnerproduktion begründet und ist das Gesicht dieses Nobelgetränks geworden: *Barbe-Nicole Clicquot-Ponsardin* (1777–1866), die berühmte »Veuve Clicquot«. Die älteste Tochter eines Textilindustriellen aus Reims übernahm nach dem Tod ihres Mannes François Clicquot 1805 seine kleine Champagner-firma. Sie führte das berühmte gelbe Etikett ein, betrieb mit ihren Reisenden, vor allem dem Mannheimer Ludwig (Louis) Bohne, eine aggressive Marktstrategie in England und Russland und erfand mit ihrem schwäbischen Kellermeister Anton Müller das Rütteln schräg gestellter Flaschen, um die Resthefe im Flaschenhals zu sammeln. Aus dem Ruin ihrer Bank rettete sie 1825 ihr späterer Nachfolger Eduard Werler (Werlé) aus Wetzlar. 1841 zog sie sich offiziell zurück; von ihrer Bauleidenschaft zeugt das Château de Boursault.

Verliebt in Pasta

Luciano Pavarotti (1935–2007) stammte aus Modena und wurde einer der bedeutendsten Tenöre seiner Zeit. Er machte Furore als Mitglied der »Drei Tenöre« (mit Plácido Domingo und José Carreras) und als Duettpartner vieler Pop-Künstler. Mit Benefizkonzerten engagierte er sich für Flüchtlinge, das Rote Kreuz oder den Schutz des Regenwalds. Er war fast vierzig Jahre verheiratet mit Adua Veroni und in zweiter Ehe mit Nicoletta Mantovani. Die Zitate stammen aus zwei Interviews im ›SZ-Magazin‹ von 1997 und 2002.

Ein sanftmütiger Revolutionär

Seinem Großonkel, dem Humanisten Johannes Reuchlin, verdankte *Philipp Schwarzerdt* (1497–1560) den gräzisierten Namen Melanchthon. Geboren im damals kurpfälzischen Bretten, bezog er zwölf-jährig die Universität Heidelberg, danach studierte er in Tübingen. Mit 16 Jahren war er Magister, 1518 erschien sein Bestseller, eine Grammatik des Griechischen. Im selben Jahr erhielt er einen Ruf an die Hochburg der Reformation, die Universität Wittenberg, und schloss sich Martin Luther an. Mit seinen ›Loci communes‹ (1525) formulierte er die erste evangelische Dogmatik, sein ›Augsburger Bekenntnis‹ von 1530 wurde zum Dokument der Spaltung der Kirchen und der weltlichen Mächte. Seine Bemühungen um Ausgleich machten ihn den orthodoxen Lutheranern, den Zwinglianern und den Katholiken gleichermaßen verdächtig.

Eine glückliche Kindheit

Astrid Lindgren (1907–2002), geborene Ericsson, arbeitete als Sekretärin und Lektorin und wurde dann zur weltberühmten Kinderbuchautorin. Sie erfand ›Pippi Langstrumpf‹, ›Kalle Blomquist‹, ›Michel aus Lönneberga‹, ›Ronja Räubertochter‹ und viele andere Kinderhelden. 1999 wählten ihre Landsleute sie zur »beliebtesten Schwedin des Jahrhunderts«.

Er schuf blühende Landschaften

Der aus dem polnischen Kleinadel stammende *Grigori Alexandrowitsch Potjomkin* (1739–1791) wurde Anfang 1774 Liebhaber der Zarin Katharina II., sie heirateten wohl heimlich im Juni 1774. Bis zu seinem Tod blieb er ihr Freund und Mitregent. In zwei blutigen Kriegen gegen das Osmanische Reich eroberte er den Süden Russlands und der Ukraine, 1783 die Krim. Der Vizekönig der südlichen Provinzen gründete zahlreiche Siedlungen und Städte, darunter Cherson, Sewastopol und Jekaterinoslaw, und baute in kaum mehr als zwei Jahren die Schwarzmeerflotte auf. Er starb in der bessarabischen Steppe auf dem Weg nach Nikolajew in den Armen seiner Lieblingsnichte, der Gräfin Branicka. Zu Unrecht wurde ihm nachgesagt, er habe Zarin Katharina auf ihrer Besichtigungsreise 1787 am Dnjepr und auf der Krim nur Kulissendörfer vorgeführt.

Verhüllte Erotik

Grace Kelly (1929–1982) war eine Tochter des Bau-Unternehmers und dreifachen Olympia-Goldmedaillengewinners Jack Kelly; ihr Onkel war der Schriftsteller und Pulitzer-Preisträger George Edward Kelly. Alfred Hitchcock machte sie Mitte der 50er-Jahre mit drei Filmen (›Bei Anruf Mord‹, ›Fenster zum Hof‹ und ›Über den Dächern von Nizza‹) zum Star. 1956 heiratete sie Fürst Rainier III. de Grimaldi und wurde zur Fürstin Gracia Patricia von Monaco. Filmangebote, auch von Hitchcock, lehnte sie fortan ab, dafür brachte sie Touristen, die High Society und Exkollegen nach Monte Carlo und zu den Filmfestspielen nach Cannes. Sie bekam drei Kinder (Caroline, Albert und Stéphanie) und pflegte Hobbies wie Blumen pressen. Am 13. September 1982 verunglückte sie bei einem Verkehrsunfall und starb. Unklar blieb, ob ihre 17-jährige Tochter Stéphanie dabei auf dem Beifahrersitz saß oder ohne Führerschein am Steuer.

Eine selbstbewusste Frau mit gehässigem Beinamen
Die 1318 auf Schloss Tirol bei Meran geborene *Margarete von Tirol-Kärnten* wurde 1330 in Innsbruck mit dem Luxemburger Johann von Böhmen verheiratet. Nach dem Tod ihres Vaters Herzog Heinrich VI. 1335 übernahm das Paar die Regentschaft. Margarete vertrieb 1341 ihren unfähigen Mann und heiratete kurz danach Ludwig den Brandenburger (1315–1361) aus dem konkurrierenden Haus Wittelsbach. Der Papst exkommunizierte das Paar, ihre Heirat wurde erst 1359 kirchlich anerkannt. Ihr Sohn Meinrad III. wurde in Wien erzogen, stand aber als Regent von Tirol und Oberbayern unter dem Einfluss der Wittelsbacher. Nach seinem Tod 1363 übergab Margarete Regierung und Land Tirol den Habsburgern und zog nach Wien. Dort starb sie 1369. Erst um 1390 tauchte in einer Chronik der Beiname »Maultasch« auf, eine Rache ihrer Gegner.

Kleiner Mann, ganz groß
Joachim Ringelnatz (1883–1934), eigentlich Hans Gustav Bötticher, war Dichter, Maler und Kabarettist. Nach Wander- und Kriegsjahren auf See lebte er in München und später in Berlin. Seit 1920 war er mit Leonharda Pieper, genannt »Muschelkalk«, verheiratet; für sie schrieb er seine berühmten Liebesgedichte. Unter dem NS-Regime erhielt der bereits Schwerkranke Auftrittsverbot. Die verwendeten Zitate stammen aus der rororo-Monografie seines Freundes zu Lebzeiten, Herbert Günther.

Aus dem Osten kam die Vernunft

Der Universalgelehrte *Ibn Sina* (980–1037), bei uns als *Avicenna* bekannt, wuchs im heute usbekischen Buchara auf. Im Lauf seiner umfassenden Studien setzte er sich vor allem mit Aristoteles und der antiken Heilkunst auseinander. Gerade 18 Jahre alt trat er als Arzt in den Dienst des samanidischen Herrschers Nuh ibn Mansur, danach folgten Aufenthalte in Gurgentsch (Choresm), Gurgan am Kaspischen Meer, Rayy bei Teheran, Hamadan und ab 1023 Isfahan. In Gurgan entstand der erste Teil seines berühmten ›Kanon der Medizin‹, der in Europa bis nach 1600 als maßgeblich galt. Sein monumentales Hauptwerk ›Buch der Genesung‹ fasst antike und arabische Philosophie mit dem Weltwissen seiner Zeit zusammen. In der Philosophiegeschichte gilt er als früher Vertreter des Rationalismus.

Was einen rettet

Hape Kerkeling (geb. 1964 in Recklinghausen) schrieb schon als Schüler Sketche und bereitete sich auf eine Laufbahn als Fernseh-Entertainer vor. Die Sendung ›Total normal‹ machte ihn bekannt, sein Auftritt als falsche Königin Beatrix auf Staatsbesuch, die vor Schloss Bellevue nach einem »lecker Mittagessen« fragt, schrieb 1991 TV-Geschichte. Etliche seiner Kunstfiguren (Hannilein, Horst Schlämmer) wurden Kult. 2006 pilgerte Kerkeling über den Jakobsweg, sein Buch ›Ich bin dann mal weg‹ wurde ein Millionen-Seller. Highlights auf YouTube u. a.: Paartherapeutin Eevje van Dampen und Kleingärtner Riko Mielke.

Ein weltoffenes Vorbild für Reisende

Carsten Niebuhr (1733–1815) aus Lüdingworth (Cuxhaven) trat nach seinem Studium in dänische Dienste. 1761 wurde er als Kartograf in die dänische Arabien-Expedition berufen, die der Orientalist J. D. Michaelis angeregt hatte. Niebuhr vermaß die Pyramiden von Gizeh und fertigte vom Jemen, dem Ziel der Expedition, die erste genaue Karte an. Nach dem Tod seiner fünf Gefährten trat er von Mumbai aus die Rückreise an – in arabischer Tracht unter dem Namen Abdallah. Das »Juwel des Orients« war für ihn die Ruinenstadt Persepolis. Niebuhr liegt in Meldorf begraben. Die Zitate zu Beginn und am Ende stammen aus der Lebensgeschichte Niebuhrs, verfasst von seinem Sohn, dem Althistoriker Barthold Georg Niebuhr.

Viel mehr, als sie gedacht hatte
Audrey Hepburn (1929–1993), Audrey Kathleen von Hepburn-Ruston, Tochter eines Engländers und der niederländischen Baroness Ella van Heemstra erlebte als Teenager Hungersnot im besetzten Holland und erkrankte als Folge an Gelb- und Magersucht. Nach dem Krieg wollte sie Tänzerin werden, nahm neben Ballett- auch Schauspielunterricht. 1953/54 machten sie die Hauptrollen in William Wylers ›Ein Herz und eine Krone‹ und in Billy Wilders ›Sabrina‹ zum Star. Seitdem schneiderte der Pariser Modeschöpfer Hubert de Givenchy ihre Garderobe und kreierte den »Audrey-Style« – von ihm stammt das Zitat am Anfang des Textes. Hepburn wurde unsterblich durch ›Frühstück bei Tiffany‹, privat war sie u. a. liiert mit Mel Ferrer, Andrea Dotti und zuletzt mit Robert Wolders, mit dem sie in der Schweiz lebte. Seit 1988 war sie Unicef-Sonderbotschafterin.

Ein Held für alle Fälle
Der Gastwirt *Andreas Hofer* (1767–1810) aus St. Leonhard im Südtiroler Passeier stand im Frühjahr 1809 als »Kommandant« an der Spitze des Aufstands gegen Bayern, die Herren Tirols seit 1805. Der Mann mit dem schwarzen Vollbart nahm selbst nicht an den legendären Schlachten am Berg Isel teil. In Innsbruck führte Hofer ein kurzes, chaotisches Regiment. Trotz spektakulärer Erfolge über Bayern wie Franzosen brach der Aufstand im Herbst 1809 zusammen. Der fanatische Kapuzinerpater Haspinger und der Fantast Kolb trieben Hofer in letzten Widerstand. Am 28. Januar 1810 wurde er auf der Pfandleralm in Passeier gefangen genommen, in Mantua zum Tode verurteilt und am 20. Februar erschossen.

Vom Schatten ins Licht
Louis Armstrong (1901–1971) wuchs in New Orleans auf und verbrachte zwei Jahre in einer Erziehungsanstalt, wo er das Kornett-Spiel erlernte. Von 1919 bis 1921 gehörte er zur »Fate Marables

Mississippi River Band«. Später lebte er in Chicago und New York. 1927 wechselte er endgültig zur Trompete und spielte sie als Solo-instrument. Mit Trompete und seinem Scat-Gesang revolutionierte er den Jazz und wurde weltberühmt. Armstrong war viermal verheiratet, musikalisch prägend war die zweite Ehe (1924–1938) mit der Pianistin Lil Hardin, am glücklichsten seine vierte Ehe mit Lucille Wilson (seit 1942).

Ein Staatsmann mit blutigen Händen

Temudschin (»der Schmied«) wurde wahrscheinlich 1162 geboren. Der Legende nach hielt der Neugeborene einen Blutklumpen in der Hand. Um 1190 wählten ihn mongolische Stämme zum »Dschingis Khan« (»ozeangleicher Herrscher«), 1206 erkannten ihn alle Turkomongolen als Herrscher an. Danach baute er einen straff organisierten Militärstaat auf und schuf mit der »Jassah« ein strenges Gesetzeswerk. Seine Eroberungszüge verbreiteten Angst und Schrecken in der islamischen und christlich-europäischen Welt. Er unterwarf die Uiguren, Tanguten und Karluken, seine Reiterheere eroberten Nordchina, Korea, das islamische Reich Choresm und kämpften 1223 erfolgreich gegen die Russen. 1220 gründete er Karakorum als Hauptstadt. Er starb 1227 bei einer Strafexpedition gegen die Tanguten. Die ›Geheime Geschichte der Mongolen‹, um 1240 entstanden, erzählt Leben und Taten der »Geißel Gottes«.

Gut gebrüllt, Löwe!

Muhammad Ali, geboren 1942 als Cassius Marcellus Clay, gilt als einer der größten Boxer aller Zeiten. 1960 wurde er Olympia-Sieger im Halbschwergewicht, 1964 Weltmeister im Schwergewicht. Der 1965 zum Islam konvertierte Sportler mischte sich auch politisch ein, so lehnte er den Vietnamkrieg ab und verweigerte 1967 den Wehrdienst. Zur Strafe wurde ihm der Weltmeistertitel aberkannt, die ihm drohende Gefängnisstrafe wurde gegen Kaution ausgesetzt. 1970 kehrte er in den Ring zurück, 1974 eroberte er den Weltmeistertitel im Schwergewicht erneut, als er den amtierenden Titelträger George Foreman schlug. Zu weltweiten TV-Spektakeln gerieten auch die drei Kämpfe gegen Joe Frazier (1971, 1974, 1975).

Ein Muster weltmännischer Eleganz

Johann Christian Bach (1735–1782) war der jüngste Sohn Johann Sebastian Bachs. Nach dem Tod des Vaters 1750 bildete ihn sein Halbbruder Carl Philipp Emanuel in Berlin zum Pianisten aus. 1754 trat er in Mailand in die Dienste des Grafen Litta. Mit Kirchenmusik erfolgreich, konvertierte er zum Katholizismus, um Domorganist in Mailand werden zu können. Triumphe feierte er mit seinen Opern in Neapel, ab 1762 in London. Die mit dem Gambenvirtuosen Christian Ferdinand Abel gegründeten »Bach-Abel-Concerts« brachten ihm Geld und die Anerkennung als Konzertkomponist. Mozart begegnete ihm 1764/65 in London.

Fußstapfen

John Fitzgerald Kennedy (1917–1963), der in Dallas, Texas, nach 1036 Amtstagen ermordete US-Präsident, stand als Kind im Schatten seines zwei Jahre älteren Bruders Joe. Nachdem Joseph Patrick Kennedy jr. 1944 als Pilot im 2. Weltkrieg bei der Explosion eines US-Bombers ums Leben gekommen war, schlug der an der Addison-Krankheit (eine Unterfunktion der Nebennierenrinde) leidende John die politische Laufbahn ein, die der Vater sich für Joe erhofft hatte. Zuvor hatte John F. Kennedy Autor werden wollen, 1940 wurde sein Erstling ›Why England Slept‹ (Titelformulierung ist eine Anspielung auf Churchills ›While England Slept‹) Sachbuch-Bestseller, 1957 erhielt er für ›Profiles in Courage‹ (›Zivilcourage‹) den Pulitzerpreis.

»Einen wie ihn werden wir nie mehr sehen«

Tecumseh (»Der sich zum Sprung duckende Puma«), 1768 in Ohio geboren, wurde 1792 Häuptling seines Volkes, der Shawnee. Um 1800 lernte er die Siedlertochter Rebecca Galloway kennen. Sein Gegner, General William H. Harrison, hatte großen Respekt vor dem selbst ernannten Führer aller Indianer. Im Krieg zwischen den USA und England 1812 schloss er sich mit seinem Bündnis den Engländern an. Nach ersten Erfolgen und der Eroberung von Detroit ließ General Procter am 5. Oktober 1813 die indianischen Truppen während des Gefechts am Thames River im Stich. Unter den Gefallenen war Tecumseh.

Die treuesten Fans der Welt

Bob Dylan (geb. 1941) alias Robert Allen Zimmermann wuchs im US-Bundesstaat Minnesota auf. Mit vom Folkrock inspirierten Songs wie ›Like a Rolling Stone‹ (1965) empfahl sich der Sänger, Gitarrist und Komponist als Sprachrohr einer ganzen Generation. 1966 tauchte er nach einem Motorradunfall ab und in den folgenden zwei Jahrzehnten gelegentlich wieder auf, diese Zeit gilt als seine musikalisch schwächste Phase. Gleichwohl startete der Künstler 1978 seine bis heute andauernde »Never ending-Tour«. Mit dem Album ›Oh Mercy‹ gelang 1989 das Comeback, 1997 folgte das gleichfalls hoch gelobte ›Time out of Mind‹. 2009 erschien eine CD mit Weihnachtssongs.

Am Anfang war kluge Bescheidenheit

Mayer Amschel Rothschild (1744–1812), in der Judengasse in Frankfurt a. M. geboren, begann als 13-Jähriger eine Lehre im Bankhaus Oppenheimer in Hannover. General von Estorff empfahl ihn Erbprinz Wilhelm von Hessen, dem nachmaligen Landgrafen und Kurfürsten. Reich geworden durch den Soldatenverkauf seines Vaters, gingen Wilhelm, sein Finanzverwalter Carl Friedrich Buderus und Rothschild eine für alle sehr einträgliche Geschäftsbeziehung ein, die auch während Wilhelms dänischem Exil von 1806 bis 1813 weiter bestand. Rothschild und seine fünf Söhne galten als die »Erfinder« der multinationalen Hochfinanz.

Darsteller für alle Charaktere

Franz Josef Strauß (1915–1988), CSU-Urgestein, bayerischer Ministerpräsident 1978 bis 1988. Den Begriff »Amigo-Affäre« prägte zwar sein Amtsnachfolger Max Streibl, aufgrund ähnlicher Skandale war aber auch Strauß stets heftig umstritten. 1949 bis 1980 saß er im Deutschen Bundestag, war vier Mal Minister (für Sonderaufgaben, Atomfragen, Verteidigung, Finanzen). 1980 trat er als Kanzlerkandidat der Union gegen Helmut Schmidt an und verlor die Wahl. 1983 vermittelte er dem Erzfeind DDR einen Milliardenkredit, 1987 flog er am Steuer des eigenen Flugzeugs nach Moskau und wurde von Gorbatschow im Kreml empfangen.

Der neugierige Pilger

Ibn Battuta (1304–1377), in Tanger geboren, brach 1325 zu einer Pilgerreise nach Mekka auf, reiste dann durch den Irak und Iran nach Afrika bis Sansibar und weiter nach Indien und China. Als er wohl 1348 wieder in Tanger war, diktierte er seinen berühmten Reisebericht, der jahrhundertelang vergessen war. Seine letzten Reisen führten nach Spanien und durch die Sahara zum Niger. 1353 kehrte er zurück. Der Riesenvogel der Seeleute ist der Vogel Rock aus Sindbads Abenteuern.

Das Erbe

Inge Aicher-Scholl (1917–1998) zählt zu den berühmten Geschwistern Scholl. Ihre jüngere Schwester Sophie und ihr Bruder Hans wurden 1943 als Mitglieder der Weißen Rose und Widerstandskämpfer von den Nazis hingerichtet. 1946 gründete Inge Scholl in Ulm eine der ersten Volkshochschulen im Nachkriegsdeutschland. 1952 heiratete sie den Designer Otl Aicher, der mit seinen Piktogrammen bekannt wurde. Seit 1978 engagierte sie sich in der Friedensbewegung.

»Niemand ist ihm unähnlicher als er selbst«

Denis Diderot (1713–1784) war einer der klügsten, produktivsten und fantasievollsten Köpfe der Aufklärung. Als Herausgeber und Autor opferte er sich für die ›Enzyklopädie‹ auf und hinterließ mit ›Rameaus Neffe‹ und ›Jacques der Fatalist und sein Herr‹ zwei Meisterwerke der Literatur. Intime Freundschaften verbanden ihn mit dem aus Regensburg stammenden Friedrich Melchior Baron von Grimm und mit Sophie Volland, über die wenig bekannt ist. Zarin Katharina II. unterstützte ihn finanziell und nutzte ihn als aufklärerisches Aushängeschild.

Zeitweilig verschwunden

Miles Davis (1926–1991), der »Trompetengott«, wuchs in St. Louis auf und zog als 18-Jähriger nach New York. Auftritte in Clubs an der Seite damaliger Stars wie Dizzy Gillespie und Charlie Parker machten ihn berühmt. In den Fünfzigern war er drogenabhängig und durchlitt im Haus seines Vaters einen Entzug. 1959 erschien ›Kind of Blue‹, ein Meilenstein der Jazzgeschichte. 1969 folgte ›Bitches Brew‹, wiederum eine Erneuerung des Jazz in Richtung Jazzrock. Ab 1975 zog sich der chronisch kranke Musiker zurück; angeblich fertigte er Mick Jagger, der ihn besuchen wollte, an der Haustür ab. Sein Bühnen-Comeback, dem noch viele Auftritte folgten, feierte er 1981 auf dem New York Festival.

»Ein großer Fürst, offen und freundlich«
Moctezuma II. (um 1465–1520), ab 1502 König der Mexika (Azteken), sah im 1519 in Mexiko gelandeten Konquistador Hernán Cortés eine Inkarnation des vertriebenen Gottes Quetzalcoatl, der »Gefiederten Schlange«. Den Kampf der Götter versuchte Moctezuma mit Geschenken, Diplomatie und Menschenopfern zu verhindern. Er scheiterte, als eine Inkarnation des Gottes »Rauchender Spiegel« zum Aufstand gegen die Spanier aufrief. Die Überschrift zitiert die Chronik des Cortés-Gefährten Bernal Díaz del Castillo.

Gierig nach Leben
Gérard Depardieu (geb. 1948 in Châteauroux) gilt als Berserker des französischen Kinos. Er ist in allen Genres von der leichten Komödie bis zur anspruchsvollen Tragödie zu Hause. Der Arbeitersohn kam mit 17 Jahren nach Paris, nahm Schauspielunterricht und ging ans Theater. 1967 wurde er fürs Kino entdeckt und hat seither in bald 200 Filmen unter großen Regisseuren mitgespielt. Meilensteine waren ›Die Ausgebufften‹, ›1900‹, ›Die letzte Metro‹, ›Die Frau nebenan‹ und ›Cyrano von Bergerac‹. Zuletzt sah man ihn in ›Mammuth‹, ›Das Labyrinth der Wörter‹ und einmal mehr als Obelix. Nebenher betätigt sich der preisgekrönte Darsteller als Winzer auf dem Land, betreibt in Paris ein Restaurant und eine Fischhandlung – und machte vor einiger Zeit Schlagzeilen, als er im Flugzeug auf den Boden pinkelte ...

Ein Krater auf der Venus trägt ihren Namen
1647 in Frankfurt am Main geboren, verlor *Maria Sibylla Merian* früh ihren Vater Matthäus, den berühmten Kupferstecher. Bei ihrem

Stiefvater, dem Blumenmaler Jacob Marrell, lernte sie zeichnen und aquarellieren. Nach ihrer Hochzeit mit dem Maler Johann Andreas Graff lebte sie in Nürnberg. 1679 erschien ihr erstes Hauptwerk, ›Der Raupen wunderbare Verwandlung und sonderbare Blumennahrung‹. Nach der Lösung ihrer Ehe 1685 schloss sie sich einer pietistischen Kommune auf Schloss Waltha in den Niederlanden an. 1699 unternahm sie eine Forschungsreise nach Surinam. Ergebnis dieser Reise war ›Metamorphosis insectorum Surinamensium‹ von 1705. Sie starb 1717 in Amsterdam.

Charmebolzen

Sir Peter Ustinov (1921–2004) war – unter anderem – Schauspieler und drehte viele Filme, darunter ›Wir sind keine Engel‹ (mit Humphrey Bogart, 1955); zwei Nebenrollen-Oscars bekam er 1961 und 1965 für ›Spartacus‹ und ›Topkapi‹, dem breiten Publikum aber blieb er als Detektiv Hercule Poirot (›Tod auf dem Nil‹, 1978) im Gedächtnis. Außerdem wirkte Sir Peter als Regisseur, Conférencier und Autor. Er schrieb Bücher, Drehbücher, Theaterstücke, war seit 1968 Sonderbotschafter des Kinderhilfswerks UNICEF und erhielt den Ehrendoktorhut mehrerer Universitäten. 2003 gründete er in Wien ein nach ihm benanntes Institut zur Erforschung und Bekämpfung von Vorurteilen. Verheiratet war das sympathische Multitalent mit Isolde Denham, Suzanne Cloutier (beide Schauspielerinnen) und der Schriftstellerin Hélène du Lau d'Allemans.

Sein Name wurde zum Markenzeichen

Pontiac (1712/20–1769), der Häuptling der Ottawa, kämpfte auf der Seite der Franzosen gegen die Briten und organisierte nach deren Sieg eine indianische Allianz, die ab Mai 1763 britische Forts angriff. Bis November 1763 belagerte er erfolglos Fort Detroit. Unter dem Druck britischer Truppen schlossen die meisten aufständischen Stämme 1764 Frieden. Pontiac zog sich nach Illinois zurück und kapitulierte Ende April 1765. Ermordet wurde er in Cahokia gegenüber St. Louis. General Motors stellte von 1826 bis 2010 leichte Sportwagen unter dem Namen »Pontiac« her.

Mut zur eigenen Meinung

Hildegard Hamm-Brücher, geb. 1921 in Essen, wuchs in Berlin auf und nach dem Tod der Eltern bei ihrer Großmutter in Dresden. In München studierte sie Chemie und hatte Kontakte zur Widerstandsgruppe Weiße Rose. Ihre jüdische Großmutter beging 1942 Selbstmord. 1945 promovierte Hildegard Brücher bei Nobelpreisträger Heinrich Wieland, der sie vor drohender Verfolgung schützen konnte, danach war sie (unter Erich Kästner) Wissenschaftsjournalistin bei der ›Neuen Zeitung‹. 1948 trat sie in die FDP ein. 1954 heiratete sie den CSU-Politiker Dr. Erwin Hamm (gest. 2008). In den 70ern kämpfte die Bildungsspezialistin für den Ausbau der Universitäten und auch schon für ein Studiensystem nach US-Vorbild mit Bachelor- und Master-Abschluss. Die zweifache Mutter und Bundestagsabgeordnete war 1976–82 Staatsministerin im Auswärtigen Amt; 1982 focht sie vergeblich für den Erhalt der SPD/FDP-Koalition. 1994 war sie Kandidatin für das Amt des Bundespräsidenten. 2002 verließ sie die FDP aus Protest gegen rechtspopulistische Äußerungen von Jürgen Möllemann (und die Reduktion auf wirtschaftsliberale Politik).

Ruhm jetzt und später

Lady Gaga (geb. 1986), eigentlich Stefani Joanne Angelina Germanotta, wuchs in New York in einer großbürgerlichen Familie mit italienischen Wurzeln auf und beschloss schon als Mädchen, weltberühmt zu werden. Anfangs trat sie – damals noch schwarzhaarig – in kleinen Clubs auf und schrieb Songs für andere. Inspiriert von Andy Warhol, David Bowie, Madonna, Queen und anderen Ikonen der Popkultur, begann sie, sich 2008 als blondiertes Gesamtkunstwerk zu inszenieren. Mit spektakulären Outfits und Songs wie ›Just Dance‹ und ›Pokerface‹ gelang ihr 2008 der Durchbruch, derzeit gilt sie als eine der erfolgreichsten Musikkünstlerinnen weltweit.

Kein Mann des Worts

Thomas Schaaf (geb. 1961 in Mannheim) ist »Mr. Werder Bremen«, dem Verein ist er seit 1972 verbunden. Seit 1979 bestritt er als Abwehrprofi 262 Bundesligaspiele. 1993 wurde er A-Jugend-Trainer, trainierte zwei Jahre später die Amateure und übernahm im Mai 1999 den Posten als Cheftrainer, verhinderte sogleich den Abstieg des Vereins und holte den DFB-Pokal. Mit Klaus Allofs als Manager im Hintergrund verbuchte Thomas Schaaf seitdem viele nationale und internationale Erfolge. 2004 gewann Werder im Doppelpack den DFB-Pokal und die Meisterschale, 2009 erneut den DFB-Pokal.

Einzelgänger

Udo Lindenberg (geb. 1946 im westfälischen Gronau) war nach einer abgebrochenen Lehre als Hotelpage und einigen Semestern an der Musikhochschule Münster Schlagzeuger in verschiedenen Bands. Mit deutschsprachiger Rockmusik glückte ihm 1973 der Durchbruch als Sänger und Komponist, seitdem hat er weit mehr als 30 Alben und CDs veröffentlicht. Mit ›Stark wie zwei‹ gelang dem Musiker, der nach manchem Alkoholexzess von vielen schon abgeschrieben worden war, 2008 ein Comeback. Lindenberg, auch gefeiert als »Maler von Likörellen«, trägt als Erkennungszeichen Hüte, die im kleinen Ort Lindenberg im Allgäu produziert werden. Er lebt seit vielen Jahren in einer Suite im Hotel Atlantic an der Hamburger Außenalster.

Ein unscheinbarer Held

Georg Elser (1903–1945) wuchs in Königsbronn bei Heidenheim auf, absolvierte eine Schreinerlehre und arbeitete am Bodensee. Er war passives Mitglied der Gewerkschaft und des Roten Frontkämpferbundes der KPD. Für den entschiedenen Nazigegner stand 1938 fest, dass Hitler den Krieg vorbereitete. Mit einem Attentat auf Hitler wollte Elser diesen abwenden. Am 8. November 1939 explodierte seine perfekt konstruierte Zeitbombe im Münchner Bürgerbräukeller, kurz nachdem Hitler vorzeitig den Saal verlassen hatte, da die Reichsbahn eine frühere Abfahrt seines Sonderzugs festgelegt hatte. Elser wurde in Konstanz verhaftet, als er in die Schweiz fliehen wollte. Er sollte in einem Schauprozess nach Kriegsende verurteilt werden. Auf Weisung Hitlers wurde er am 9. April 1945 im KZ Dachau ermordet.

Kaleidoskop des Lebens

Robert Altman (1925–2006) erhielt im Februar 2006 den Oscar für sein Lebenswerk und starb am 20. November desselben Jahres. Seinen letzten Film, ›A Prairie Home Companion‹, hatte er noch persönlich auf der Berlinale vorgestellt. Weitere berühmte Filme vom Meister des Ensemble- und Episodenfilms: ›M.A.S.H.‹ (1970), ›Nashville‹ (1975), ›The Player‹ (1992) und ›The Gingerbread Man‹ (1998). In den Sechzigern drehte er mehrere Folgen der TV-Kultserie ›Bonanza‹. Nach Misserfolgen in den Achtzigern war er 1993 mit ›Short Cuts‹ auf künstlerisch spektakuläre Weise als Regisseur an die Spitze zurückgekehrt.

Lebensgeschichten nach Autoren sortiert

Folgende Beiträge stammen von Frauke Döhring:

Folgende Beiträge stammen von Wolfgang Müller (Mitarbeit: Claudia Preuschoft):